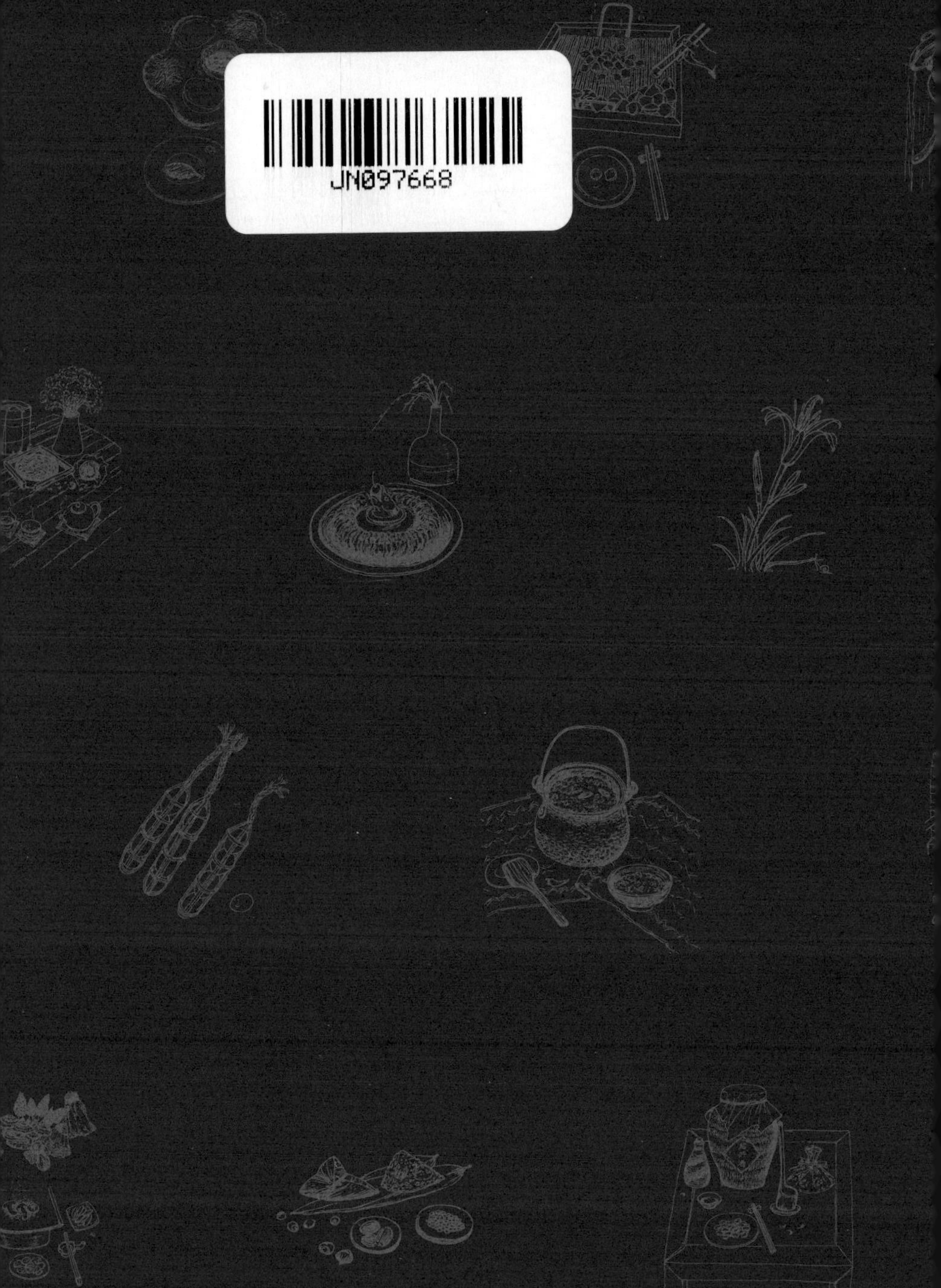

華魂和装
——《御膳房》ことはじめ

徐 耀 華

IBC

雲南キノコ鍋

過橋米線《かきょうべいせん》

昭通涼麵《しょうつうりょうめん》

元陽の棚田

豆腐鑲菜花（菜の花の豆腐挟み）

羅平の菜の花畑

麗江粑粑（トウモロコシのパンケーキ）

麗江古城

納西銅鍋脂肉飯（ナシ族銅鍋炊き込みご飯）

昆明の市場の夏野菜

さまざまな食用花

市場に並ぶキノコ

雲南炒飯（カレー炒飯パイナップル詰め）

羊肚菌牛筋罐（モリーユ茸のパイ包み）

竹筆鮑魚（キヌガサタケのアワビ詰め）

雲腿虎掌菌（雲南ハムとコウタケの炒め）

天麻汽鍋鶏（天麻と烏骨鶏の汽鍋スープ）

牛肉炒田七花（牛肉と田七人参の花の炒め）

銀耳湯
（白キクラゲのとろみスープ）

藏紅花炒魷魚鮮貝（イカとホタテのサフラン炒め）

三鮮豆皮（武漢おこわオムライス）

ねっかんめん
熱干麺

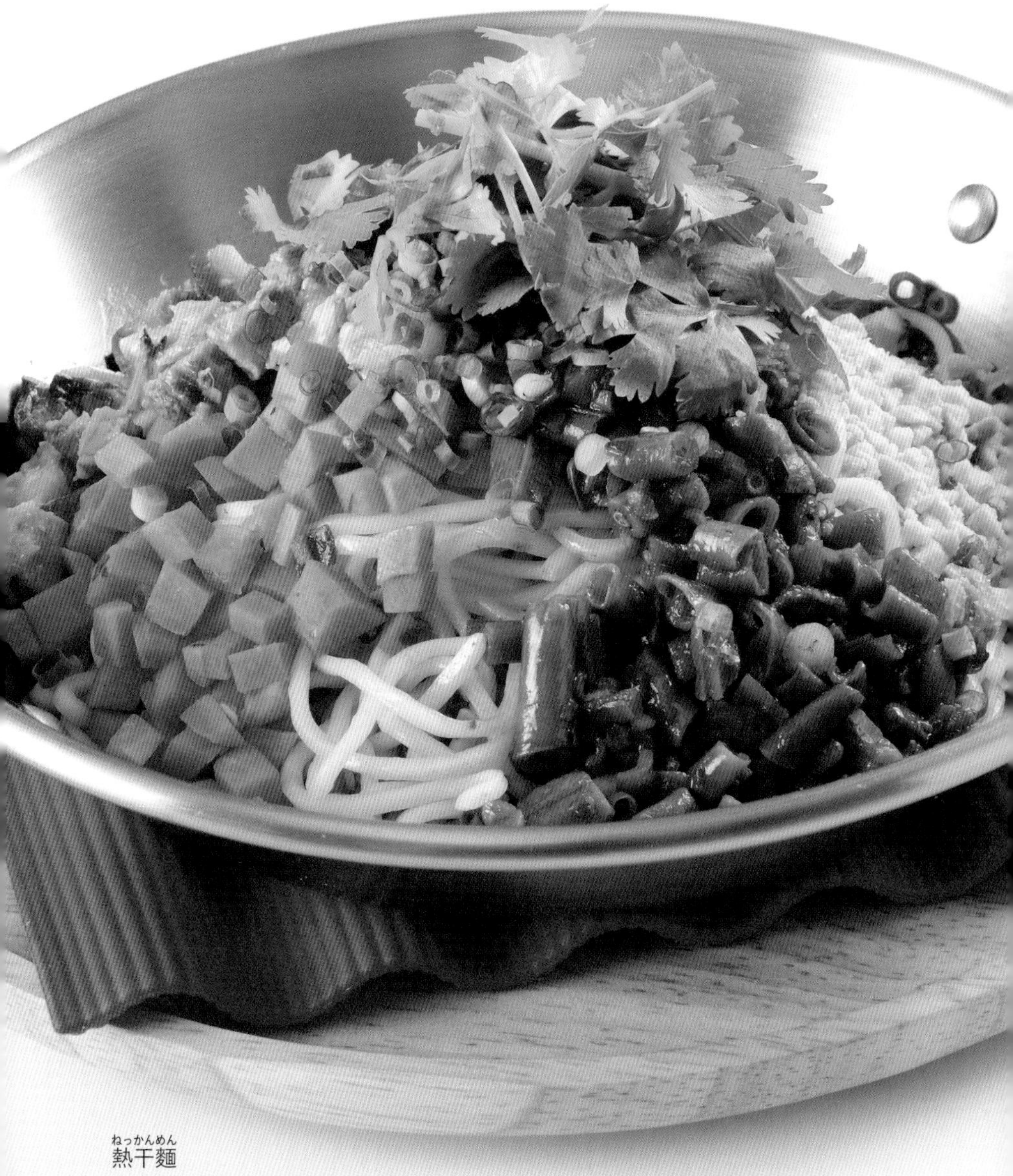

北京烤鴨（北京ダック）

黒酢古老肉（黒酢酢豚）

涼菜三拼（前菜三種盛り合わせ）

官燕藏紅花酒醸
（紅ツバメの巣酒醸風味サフラン添え）

酔蟹（酔っぱらい蟹）

魯山人の折敷

容器にこだわった中国高級酒

著者と華金兵総料理長

紫砂陶器の茶器

華魂和装
——《御膳房》ことはじめ

Contents　華魂和装——《御膳房》ことはじめ

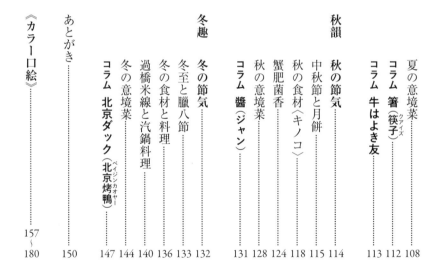

第一部

雲南、そして中国料理

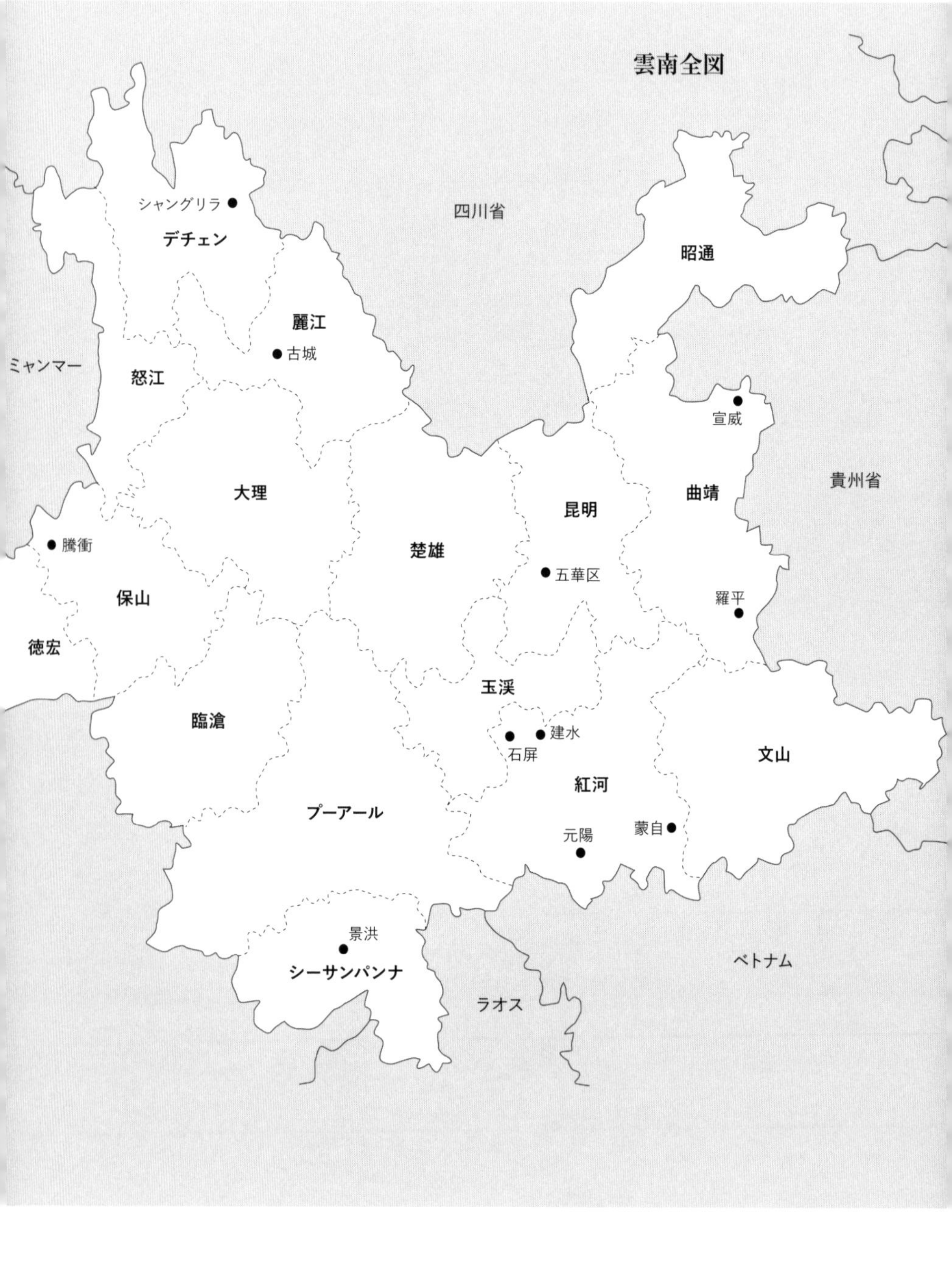
雲南全図
四川省
シャングリラ
デチェン
麗江
古城
昭通
ミャンマー
怒江
宣威
貴州省
大理
曲靖
昆明
騰衝
楚雄
五華区
保山
羅平
徳宏
玉渓
臨滄
建水
石屏
文山
紅河
プーアール
蒙自
元陽
景洪
シーサンパンナ
ベトナム
ラオス

雲南料理との出会い

私の故郷は雲南から遠く離れた湖北省ですが、大学生の頃から、写真や書籍を通して知る雲南に深い憧憬の念を抱いていました。いつか雲南を訪れたいと思いつつ、願いがかなったのは、在日中国大使館の文化担当官としての任務を終えてからのことでした。

一九九〇年、はじめて訪れた雲南は、想像をはるかに超えた風光明媚な土地でした。省都の昆明市までは北京から航空便がありましたが、そこから先の移動手段はバスが中心でした。まだ舗装された道路も少ない時代でしたが、遠路はるばる来たかいはあって、行く先々で目にする美しい景観には、それこそ感動の連続でした。

一方で、はじめての雲南旅行ということもあって、現地に不案内だったせいか、それともレストランの選択を間違えてしまったためか、この折、地元の料理には、あまり魅力を感じませんでした。素材はいいのですが、ただ素朴な味わいだけで、食を楽しむまでの域に達しているとは思えなかったのです。そうした料理も、雲南を訪れるたびに洗練され、おいしくなっていきました。おそらく、人々が経済的豊かさを享受できるようになり、食を楽しむ余裕が生まれたのでしょう。

その後、本来の所属先である中国文化部対外文化連絡局（日本の文科省に相当）を退職して再来日、日本で貿易事業を起こし、商品の輸出入を進めるうちに、「日本の第一次産業を守り育て、安全で安心な農産物を消費者に届ける」をモットーにオーガニック野菜の宅配をてがけている

「大地を守る会」の活動を知り、その趣旨におおいに賛同し、協力するようになりました。

そして、一九九五年三月のことですが、雲南における在来農法による農業が「大地を守る会」の生産者の興味を引くところとなり、現地の農家と交流しながら、在来農法の可能性を探ってみたいとの要望があって、それに応えるべく雲南の南に位置するシーサンパンナ(西双版納)の奥地のタイ族の村へ、会の生産者と会員の方々を案内することにしたのです。

このタイ族の村までは、昆明からシーサンパンナの首府・景洪《けいこう》市まで飛行機で、そのあとはバスで数時間ゆられてと、かなり強行軍でしたが、現地の農家に分散して泊まり、村の人たちとも交流をし、視察の面でも食の面でも得るところの多い旅となりました。

米と茶の原産地として知られるシーサンパンナは、食文化が日本のそれとよく似ています。米を主食とするだけでなく、日本の熟《な》れずしや納豆に似た発酵食品を日常的に食べているという、タイ族の食生活におおいに興味をそそられ、親近感をおぼえました。そこには農耕文化の原点が見られ、日本古来の伝統や生活習慣にもつながる道筋が見えた、との思いを一同が共有できたように感じました。地産地消を原則とし、山々に抱かれた緑の大地の上で、何世代にもわたって営まれてきた人々の暮らしが息づいていました。村の人たちと酒を酌みかわし、話しをしているうちに、心の故郷を得たような思いにとらわれました。

帰国後、「大地を守る会」の方々と懇談をするなかで、当時、「大地を守る会」の農産物は会員にしか届かない、ならば会員以外の人たちにもオーガニック農産物にふれる機会が持てるよう、会が頒布する食材を使って、一流料理人による雲南料理を紹介したらどうかと会長の藤田和芳氏に提案したのです。

日本には、中国料理の伝統はありましたが、雲南料理は未知の世界でした。既存の名店とは違う、ユニークなレストランができるのではないか、やりがいもあるだろう。これが、日本初の雲南料理専門店《御膳房》開店のいきさつで、私たちの原点です。一九九五年十二月のことでした。「大地を守る会」の生産者の方々を案内したのが同じ年の三月、タイ族の正月のことでしたから、いかに駆け足であったか、おわかりいただけると思います。

その後、食材を求めて頻繁に雲南を訪れるようになりましたが、少数民族の人たちの生活習慣や食生活にふれるたびに新たな発見がありました。いまもなお、それが変わることはありません。

昆明のキノコ鍋、紅河州蒙自《もうじ》の過橋米線《かきょうべいせん》や汽鍋《きなべ》料理、麗江のナシ族の手打ちの銅鍋を使った炊き込みご飯、こういった雲南を代表する料理は言うにおよばず、タイ族の食生活にもおおいに興味をそそられました。

タイ族の人たちは、パイナップルにもち米を詰めて蒸したり、カボチャの花を炒めたりと、意外な食材を上手に使いこなしています。このパイナップル詰めご飯は、《御膳房》の雲南炒飯（カレー炒飯のパイナップル詰め／写真11ページ）のヒントになりました。カボチャの花の炒め物も、食材の意外性はとにかくとして、大変おいしいので店のメニューに加えたいのですが、あいにく日本ではカボチャの花を恒常的に手に入れるのがむずかしく、実現できないのが残念です。

はじめてシーサンパンナのタイ族の村を訪れた折に、村長さんからプーアール茶をふるまわれたことがありましたが、茶請《う》けとして出されたのが、なんと発酵させた茶葉でした。まさに日本の、漬物を茶請けに茶を飲むのとまったく同じ感覚でした。茶葉は茶をいれるためだけではなく、食べる習慣もあるのだと、あらためて納得させられました。

雲南では、茶の若芽をスープに入れたり、餃子の皮で包んだりもします。茶で風味を付けた《御膳房》の雲緑蝦球《ユンルーシアチウ》（雲南緑茶と車エビの炒め／写真164ページ）も雲南の茶葉料理にヒントを得ています。このように私たちは、開店以来、伝統的な雲南料理のみならず、それをさらに発展させ、工夫を加えた料理をも提供するよう、常に心がけてきました。


「ひとつの山に四季があり、十里（中国では約五キロ）の間に気候が変わる」と称されるほど変化に富んだ気候、それに呼応する雲南の豊かな自然の恵みには、いつ訪れても感動を覚えます。「動植物王国」、「漢方の里」とも言われ、山野は多種類の薬草やキノコなどの植生にめぐまれ、それら産物は市場を彩って日常的に料理に使われ、二十五余の民族が互いに影響しあいながらも、それぞれ特有の文化と料理を育んできた雲南に興味が尽きることはありません。

私と雲南省の付き合いは、一九九〇年にはじめて雲南を訪れたときから始まりますが、「大地を守る会」の活動に協力するようになってからは、さらに雲南との関係は深まり、自身のレストランをオープンするまでになりました。オープンにあたっては、食材の調達と同時に優秀な料理人を確保する必要がありました。

昆明市の中ほどに位置する五華区には、市民の憩いの場にもなっている湖・翠湖があり、その湖畔には、かつて周恩来首相やエリザベス女王が宿泊した、一九五六年開業の由緒ある五つ星ホテル・翠湖賓館が美しいたたずまいを見せています。

料理人の確保にあたっては、このホテルとは少なからぬ縁を持つことになりました。というのも、古くからの知人を介して翠湖賓館の経営責任者の知己を得ることができ、ホテルの料理長を《御膳房》に派遣してもらえたのです。

雲南省の面積は日本の国土よりわずかに広く、約三九万四〇〇〇平方キロメートル。ミャンマー、ラオス、ベトナムと国境を接しています。人々は、南部では標高一五〇〇から二〇〇〇メートルの地帯に、北部では三〇〇〇から四〇〇〇メートルの地帯に暮らしています。もっとも高いのは、チベット自治区から雲南に連なる怒山《どさん》山脈の主峰・カワクボ峰で、標高六七四〇メートルを誇ります。高低差によって、気候帯は亜熱帯から温帯、寒帯までと分かれますが、植生でいえば、日本とほぼ同じで、照葉樹林帯に属します。この地に、漢族と二十五余の少数民族を合わせ四八五八万人(二〇一九年現在)が暮らしています。

雲南省の省都・昆明市は、中国大陸南西部に位置し、北京から飛行機で約四時間。四季を通じて春のような気候で、一年中、花で彩られ「春城」の異名があります。

ところで雲南の場合、行政区を、「ＸＸ市」とか「ＸＸ州」などと言いますが、この「市」は日本の「市」とは違います。「市」や「州」は、ほぼ日本の県に相当すると考えるといいでしょう。さらに「市」や「州」はいくつかの「県」や「区」、また日本の市に相当する「市」で構成されています。たとえば、ひとくちに昆明市と言ってもその面積は約二万一〇〇〇平方キロメートル、ほぼ長野県と静岡県を合わせた広さに匹敵するほどもあり、七つの区と六つの県、一つの市で構成されているのです。

この雲南省には、いまなお興味深い固有の文化が脈々と息づいています。

ガイドブックなどでよく紹介されている棚田（写真6ページ）は、南部の紅河州の元陽県を中心に総面積およそ一三三平方キロメートルにもおよび、世界最大規模で、二〇一三年に世界遺産に登録されました。この棚田は、ハニ（哈尼）族によって、唐王朝の時代、八世紀から営々と築かれ、勾配は最大で七十五度、最大標高差は一八〇〇メートルとされます。山岳地帯の立地をたくみに生かし、独自の灌漑技術と農法を編みだして今日に至ります。このハニ族は、トウガラシを盛んに料理に使いますが、このトウガラシも元はといえば、大航海時代以降、中南米からもたらされてきた異文化です。

歴史的に、雲南には大きな争いや戦いはなく、人々は平和な暮らしを送ってきました。北部の麗江市の例にも見られるように、小国が平和に暮らす術を心得ていたのでしょう。

世界遺産にも登録されている麗江市の古城（写真8ページ）はかつてナシ族の王都で、いまも多くのナシ族が住んでいますが、ヒマラヤの雪解け水を源流とする運河が、街のそこかしこに流れ、玉龍雪山の雪渓を仰ぐ美しい街として、その名が世界に知られています。

古城には他の中国の古都に見られるような城壁がありません。都市への出入りが自由にできるのです。それについては次のような話が伝えられています。

麗江では支配階級の姓は「木《ム》」、庶民の姓は「何《カ》」でした。城壁を造れば、「木」をますで囲むことになり「困」になってしまう。それでは都合が悪いというので城壁が建設されなかったとか。実際は、ナシ族の人たちは外交術に長けていて、強力な他民族ともうまく折り合いをつけて暮らしてきたので、他民族からの攻撃を受けることがなく、また地の利もあって、城壁が不要だったのでしょう。

古城では、運河は生活から切り離せません。運河を汚れから守るため、さらには争いが起こらないようにするために、暮らしの知恵ともいうべきルールを守って暮らしています。この時間帯は食材を洗い、洗濯は別の時間帯というように、運河の使用が時間ごとに決められているのです。古城の美しい景観が保たれてきたのも、こうした住民の知恵と努力があったからこそでしょう。

また、麗江には漢民族の小乗仏教と遊牧民族のラマ教が共存する寺院があるのです。ひとつの寺院に宗旨を異にする宗教が共存するのは世界的にも珍しく、これは絶えず他民族からの圧迫を受けてきたこの地ならではのこと。漢民族が来たら小乗仏教を、北方民族が来たらラマ教をと、その時々の支配者に合わせて宗教を変えていたせいだそうです。

こうして古くから他民族と接触してきた麗江の人々は、いまでも外から麗江を訪れる旅行者に対してたいへん寛容で、家に招き入れ、茶をふるまうなどして、やさしい心遣いを見せてくれます。

ちなみに二〇〇八年の北京オリンピックの開会式と閉会式の総合演出を、二〇二二年の北京冬季オリンピックでも開会式と閉会式の演出を任された映画監督の張芸謀《チャンイーモウ》氏が中国編を監督した高倉健さんの主演映画『単騎、千里を走る。』（二〇〇五年）は、麗江で撮影されています。

雲南、食の物語

四季を通じて美しい自然と豊かな植生にめぐまれた雲南では、シイタケ、シメジ、エノキダケ、マイタケ、マツタケなどは言うにおよばず、コウタケ（香茸）、アガリスク、ポルチーニ、モリーユ茸、トリュフに、雲南以外では見つからないという鶏樅菌《けいそうきん》（シロアリタケ）などの珍しいものまで、じつにさまざまなキノコが収穫されています。

雲南には、食用となるキノコの種類が抜きんでて多いというのは衆知の事実でしたが、実際どのくらいの食用キノコが存在するのかは長い間不明で、巷説に頼るしかありませんでした。しかし、二〇二〇年に雲南のキノコについての解説書『菌臨天下』（楊艾軍／丁建明共著）が出版され、はじめて雲南の食用キノコの全容が明らかになりました。

同書は、全世界で食用になるキノコは二〇〇〇種存在し、その八〇パーセントが雲南で見られるが、雲南で実際に食用に付されているのはそのうちの八八二種、毒キノコは五〇〇種存在する、と記しています。雲南がいかにキノコ王国かおわかりいただけるでしょう。

それだけにキノコを使った料理は多く、なかでも有名なのが野菌火鍋《イエチュンフオグオ》（キノコ鍋／123ページ参照）です。キノコの種類が多いほど複雑な風味が生まれます。現地で使われるキノコはすべて自生種ですから、収穫量は時によって変動します。当然のこととはいえ、キノコ鍋の値段もそれなりの影響を受けることになります。

《御膳房》では、すべて自生種というわけにはいきませんが、この料理のために常時二十種類以上のキノコを用意しています。烏骨鶏《うこっけい》やスッポンでだしをとった濃厚なスープにキノコを一度にいれて十五分ほど火を通すと、さまざまなキノコの、それこそ混然一体となった豊潤な香りがただよい始めます。

キノコと並ぶ雲南を代表する食材といえば、なんといっても米線《べいせん》でしょう。これは米から作られる麺で、雲南人のソウルフードと言ってもよく、雲南を代表する麺料理「過橋米線《かきょうべいせん》」（140ページ参照）には必須の食材ですが、そのほか野菜や肉と炒めたり、和え物にしたりとさまざまな料理に使われます。雲南では生や半乾燥品あるいは乾燥品、さらには発酵させた製品まで売られていますが、味は生がいちばんです。

同じようによく食べられているものに、うるち米の餅「餌塊《アールクアイ》」があります。もとは正月料理でしたが、現在は、薄くスライスして炭火で炙ってからミソやピーナッツのペーストを塗って食べたり、細切りにしてスープに入れたり、他の具材と炒めたりと、一年中食べられています。

この餌塊を使った代表的な料理が雲南大救駕《ユンナンダーチウジア》。温泉地で知られる雲南省西部の騰衝《とうしょう》市発祥の小吃《シャオチー》、つまり軽食です。平打ち麺のように切った餌塊を、雲南ハムや刻んだ酸菜、ネギやニラ、卵などと炒めた、焼きそばのような一品で、餌塊自体こしがしっかりしているので、食感がよいうえに炒めても形くずれしません。

中国には、その起源についてエピソードを伴う料理が非常に多いのですが、この料理にも次のような物語が伝えられています。

明朝が滅亡して清朝が成立した後、昆明に逃れ、南明朝の最後の皇帝となった永暦帝は、清の呉三桂将軍に昆明を攻撃され、敗走を余儀なくされた。農民反乱軍のリーダーであった李定国は皇帝を護衛して、一行を騰衝へと導いた。日が暮れ、行軍の疲れと空腹のまま、ほど近くの貧しい村に立ち寄った。村人が、ありあわせの食材をかき集めて作った炒め物を出したところ、永暦帝はこれを「朕を救った逸品なり」と絶賛した、という逸話から「雲南大救駕」と命名されたと言われています。

「大救駕」は「お越しあそばされた皇帝様をお助けする」を意味しますが、あらたまって「雲南大救駕」と言われると、単なる「雲南炒什錦」（雲南五目炒め）より、なんだか有難みが増して、おいしそうに思えませんか。

一九六六年に貴州省の貴陽から昆明へ通ずる鉄道が開通するまで、中国内から雲南への直接の交通手段は存在せず、雲南は、ハノイから鉄道で行くか、あるいは何日もかけて車を乗りついで行くような秘境の地でした。いまでこそ交通網が発達して、どこからでも簡単に行けるようになりましたが、依然として、外から訪れる中国人にとってはワンダーランドの趣があります。

雲南を訪れて、自分たちのとは異なる生活習慣や文化を目にした人たちは、おおいに興味をかき立てられ、それらを「雲南の十八の怪（ふしぎ）」と表現するようになりました。何を「怪」と思うかは時代によって、人によって違いはありますが、なかには食に関する「怪」もあります。そのいくつかをご紹介しましょう。

そのひとつが「豆腐屋が豆腐を焼きながら売っている」こと。

中国では豆腐を焼くのは料理人の仕事。豆腐屋の仕事ではありません。そのため豆腐屋が豆腐を焼きながら売るなど、他の地域では考えられないことなのです。

焼いた豆腐は「烤豆腐《カオドウフウ》」と呼ばれますが、なかでも有名なのが紅河州石屏《せきびょう》県の烤豆腐。

石屏県の井戸水はミネラル分が豊富で、にがりを加えなくても、けっこう固い豆腐ができあがります。ここでは、そうして作った豆腐を、よく水を切ってから数日間、時間をかけて発酵させ、焼きながら売っているのです。焼きあがった豆腐は一見、厚揚げのように見えますが、チーズに似た濃厚な旨味と独特の匂いがあり、焼き立てを辛めのたれに付けて食べるほか、炒め物などの料理にも使われます。

石屏県に隣接する建水《けんすい》県にも同じようにして作られる烤豆腐があり、地名からそれぞれ「石屏豆腐」「建水豆腐」と呼ばれています。この豆腐を目当てに、石屏や建水を訪れる人も少なくありません。

雲南にはこの石屏豆腐や建水豆腐のほかにも、豆腐を圧搾したうえ、加熱加工した押し豆腐（豆腐干）や、日本とほぼ同じ製法で作られる湯葉など、豊富な豆腐加工品と、それらを素材にしたさまざまなご当地料理が見られます。

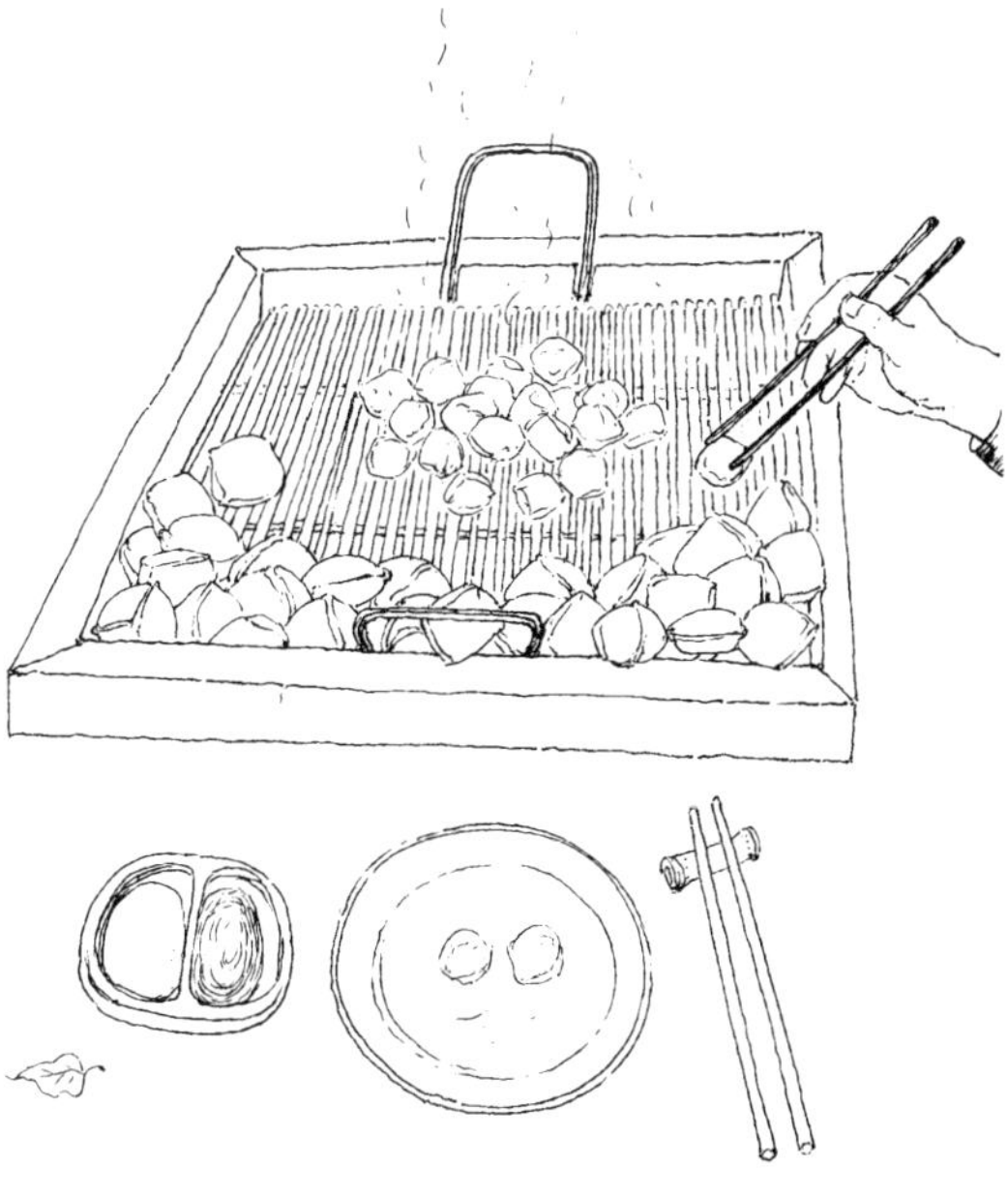

烤豆腐

「雲南では虫を食べる」。

昆虫食も雲南を訪れた人には不思議に思えたようで、「怪」にあげています。

昆虫食は近年、代替食材としてだけではなく、スーパーフードとして世界的に注目されていますが、いまに始まったことではなく、貴重な蛋白源として、中国や日本を含めたアジア諸国でもアメリカ大陸やアフリカでも、世界各地で行われてきたと言っていいでしょう。

雲南の少数民族の昆虫食は、昆虫食が盛んな東南アジア諸国にも匹敵し、一説には二〇〇を超える種が食用にされると言われています。

食用にされる昆虫のなかでも、スズメバチ「胡蜂」とタケツトガの幼虫「竹虫」が特に有名です。

スズメバチは巣盤そのものも売られていますが、幼虫を素揚げにすることが多く、酒のつまみとして愛好されています。タケツトガの幼虫の竹虫は、竹の筒内部に寄生して成長します。この竹虫の素揚げはシーサンパンナの名物で、一見やわらかそうな幼虫も、揚げるとカリッとした食感に変わります。

概して、幼虫は普通の煮炊きでは形がくずれてしまうので、揚げて食べることが多いようです。高温による調理には、殺菌効果をも見込めます。

私も昆明のレストランでの宴席で、ハチノコと竹虫を「地元の珍味」としてすすめられ、食べてみて意外においしいと思いましたが、タイ族名物のアリにはちょっとした抵抗感があって遠慮しました。

花が一年中絶えることない雲南では、花も食材として扱われていますが、この花を食べることも「怪」のひとつに数えられています。

特に南の地域では、どこの自由市場を訪ねても、色とりどりの花を扱う一角に目をひかれます。ここでは花は鑑賞用の切り花として売られているのではなく、食材として売られているのです。それだけ「花食」が普通なのでしょう。まさに百花繚乱。サトイモの花、ハスのつぼみ、カボチャの花、アカシア、金針花（ワスレグサ）、オオバコ、ハクモクレン……。

日本でも、昔から菜の花やフキノトウ、菊の花などが食卓を彩ってきましたが、雲南の花食は、花の種類も量もスケールが違います。雲南の花の調理法は、たっぷりの素材を炒めたり、煮たり、揚げたりと、普通の野菜となんら変わるところがありません。それだけに花食には、煮炊きをしても形がくずれない、形状がしっかりした繊維質の花が使われます。

温暖な気候で「春城」とも呼ばれる昆明には、タイ族の人が経営する花を主材とするレストランがあります。そこでは棠梨《ずみ》を使った「天女下凡」（天女降臨の意）、ランの花のつぼみを素材にした「人間仙宮」（人間界の仙人の宮殿の意）といった料理が出されるそうですが、詩的世界を連想させるだけでなく、花の香りまでただよってくるような命名ではありませんか。

金針花

サトイモの花

雲南を訪れた人は、卵の売り方にも驚いたようで、「怪」のひとつにしています。

現在も雲南の市場で見られますが、卵はわらの容器に入れて、吊るして売られているのです。農家にとって、鶏卵は現金収入に直結する貴重な収入源で、市場まで卵を割らずに運ぶ必要がありました。アップダウンの激しい道を、ひとつとして割れないように運ぶにはどうすればいいのか。横に並べて運ぶ方法では、場所も取るし、割れる危険も大きすぎました。そこで考えだされたのが、わらを編んだ縦型の運搬用具です。この藁苞《わらづと》に一つずつ収めて、縦に吊るして運ぶ方法です。こうすると一度にたくさん運べて、割れる心配もない。そのうえ市場で、そのまま吊るして売ることもできるのです。

おもしろいことに、山形県の「卵つと」が、同じ発想を示しています。形状もまったく同じで、米を主食とする農耕民族が遠く海を隔てて同じ発想をしていることに、人知の妙を感じてしまいます。


「雲南では帽子を鍋の蓋に使っている」。

鍋の蓋も、外から訪れた人にとっては「怪」でした。雲南の市場に行くと、草で編んだ、日本の菅笠《すげがさ》のような帽子が山と積まれて売られているのが目につきます。

じつは、これは帽子ではなく、鍋の蓋なのです。この帽子型の蓋は、火鍋にも、スープ鍋にも、蒸籠《せいろ》にも、煮炊きするところ、どこにでも登場します。

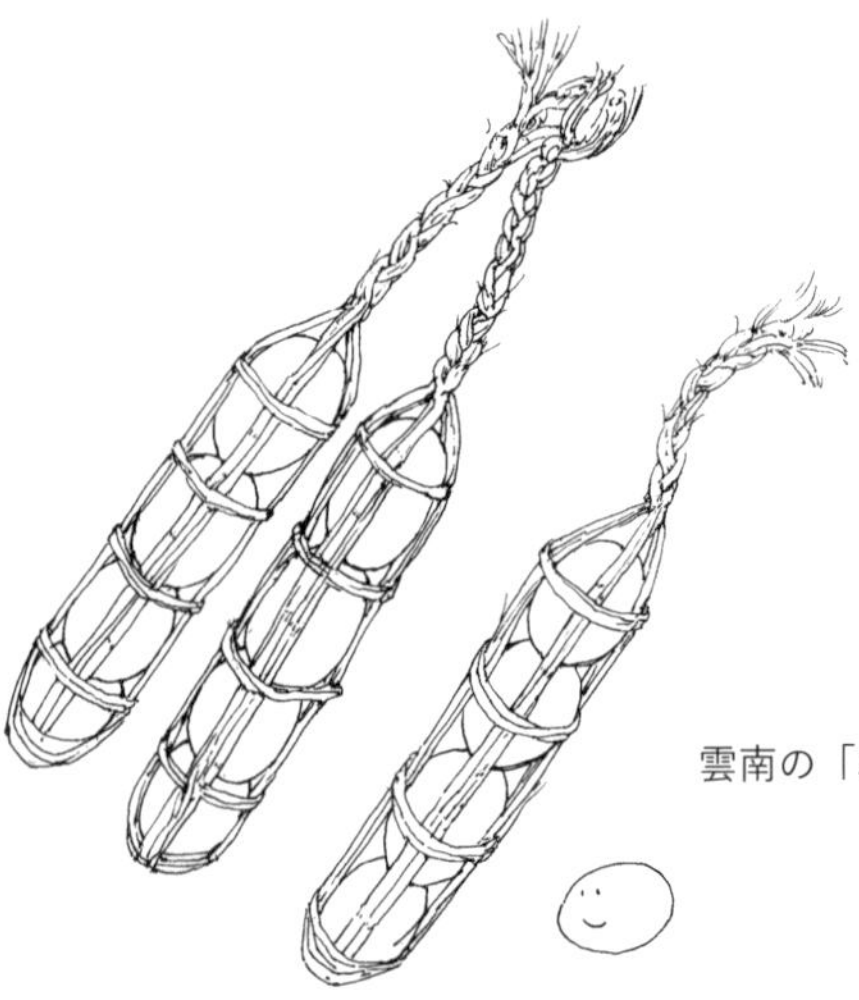
雲南の「卵つと」

雲南省では、米は炊くのではなく、茹であげます。そのままだと水っぽいので、水気を切って、蒸籠に移し、蒸してご飯に仕上げます。その際の蒸籠の蓋もこの帽子です。残ったご飯は蒸籠に入れたままで、食べるときにそのまま蒸して温めます。

外から訪れた人たちは、この帽子型の蓋に大変興味を持って、「怪」のひとつとし、麦わら帽子でも代用できるのではないかとコメントを加えています。

この蓋は、私にとっても「怪」でした。行く先々で目にする、帽子をかぶった、いささかユーモラスな鍋の姿は、じつに印象的でした。《御膳房》を開店するにあたって、キノコ鍋専用の鍋を私自身が考案して、新潟県燕市の工房に製作を依頼したのですが、あの帽子をかぶった鍋の姿は忘れがたく、蓋は帽子型を採用しました。

ところで、雲南がコーヒー豆の大産地であることをご存じでしょうか。世界のコーヒー豆のほとんどすべてが、コーヒーベルトと称される南緯二十五度、北緯二十五度の圏内で生産されています。雲南もその圏内にあり、土壌は肥沃で、また気候についてもコーヒー豆の名産地である中南米の栽培地によく似ているところから、コーヒーの木の栽培には理想的でした。

鍋の蓋

実際に雲南でコーヒーが栽培されるようになったのは一〇〇年ほど前、フランス人が始めたと言われています。中国内地から雲南に通じる鉄道はなかったのに、一九一〇年、昆明――ハノイ間を結ぶ鉄道が先に開通し、ベトナムとの往来が盛んになります。コーヒーやワインといったフランス食文化が雲南にもたらされ、ブドウの栽培もワイン醸造も盛んに行われ、コーヒー栽培にも目が向けられるようになったのでしょう。

近年では、政府の後押しもあって、雲南コーヒーの品質は向上し、収穫量も飛躍的にふえ、世界的食品メーカー「ネスレ」のコーヒーの主な調達元になっているぐらいです。

食通としても名高かった『食は広州に在り』の著者・邱永漢さんも、雲南を愛し、また中国の将来のコーヒー需要を見こして、雲南西部の保山にコーヒー園を設立し、栽培事業を行っていました。事業の一環として昆明の翠湖賓館にカフェを開設し、率先して雲南コーヒーの普及に努めていました。

中国十大料理

日本では中国料理を北京料理、上海料理、広東料理、四川料理の四つに分類し、「四大料理」としていますが、中国では次ページの表のように料理を八つに分け「八大料理」とし、今日では、これに北京料理（北京菜）と湖北料理（楚菜）を加えて「十大料理」とするのが普通です。

中国八大料理

山東料理　魯《ルー》菜《ツァイ》　味は濃厚。ネギとニンニクを好む。

四川料理　川《チュアン》菜《ツァイ》　「百菜百味、一菜一格」（百の料理には百の味がある。一つの料理には一つの品格がある）の言葉で表される。サンショウとトウガラシを使った料理が多い。

広東料理　粤《ユエ》菜《ツァイ》　素材の味を重視し、あっさりとした味わい。魚の蒸し物をはじめとして海鮮料理が多い。

淮揚料理　淮《ファイ》揚《ヤン》菜《ツァイ》　四季がはっきりしているため、季節ごとの新鮮な食材の調達が容易。素材の味を生かした料理。濃厚であってもこってり感はなく、薄味であっても物足りなさはない。

浙江料理　浙《チュア》菜《ツァイ》　素材が新鮮。やわらかく煮込んだ、なめらかな舌ざわりの料理に特色がある。ジュンサイはこの地方の特産品。

福建料理　閩《ミイン》菜《ツァイ》　「仏跳墻《ぶっちょうしょう》」に代表される山海の珍味を使った料理。甘み、酸味があり、さっぱりしている。

湖南料理　湘《シアン》菜《ツァイ》　川魚や燻製肉を使った料理。素材の香りを重視し、酸味のなかにも辛さがある。

安徽料理　徽《フイ》菜《ツァイ》　醤油で煮込んだ料理が多い。味は濃い目。山東料理に近い。

なお、北京料理は、遊牧民族の料理と漢民族の料理の融合の結果、味わいが濃厚で種類も豊富、湖北料理はやや辛目で、素材の味と香りと鮮度を生かした料理が多い、という特徴があります。

ところが、非常に魅力があるにもかかわらず雲南料理は、この「中国八大料理」にも、「十大料理」にも入っていないのです。湖北出身の私が、三十歳を目前にしてはじめて雲南料理に出会ったように、中国は広く、食文化も多様性に満ちています。

料理の系統は「菜系」と呼ばれ、清代初期には、山東料理、江蘇料理、湖南料理、四川料理が四大料理と称されました。中華人民共和国になって以降、他の四地域が独自の菜系を作りあげて加わり、「八大」がおよその共通理解になりました。

菜系には、広い中国をどう区切るのか、また、どの料理を入れるのか、料理人や研究者によって違いがあります。私の個人的な感覚では、山東、四川、広東、福建、湖南、山西、安徽、上海（蘇州と浙江州の料理を含む）をもって「八大」とし、それに北京と湖北を加えて「十大」としたいところです。（地図参照）

中国十大料理分布図

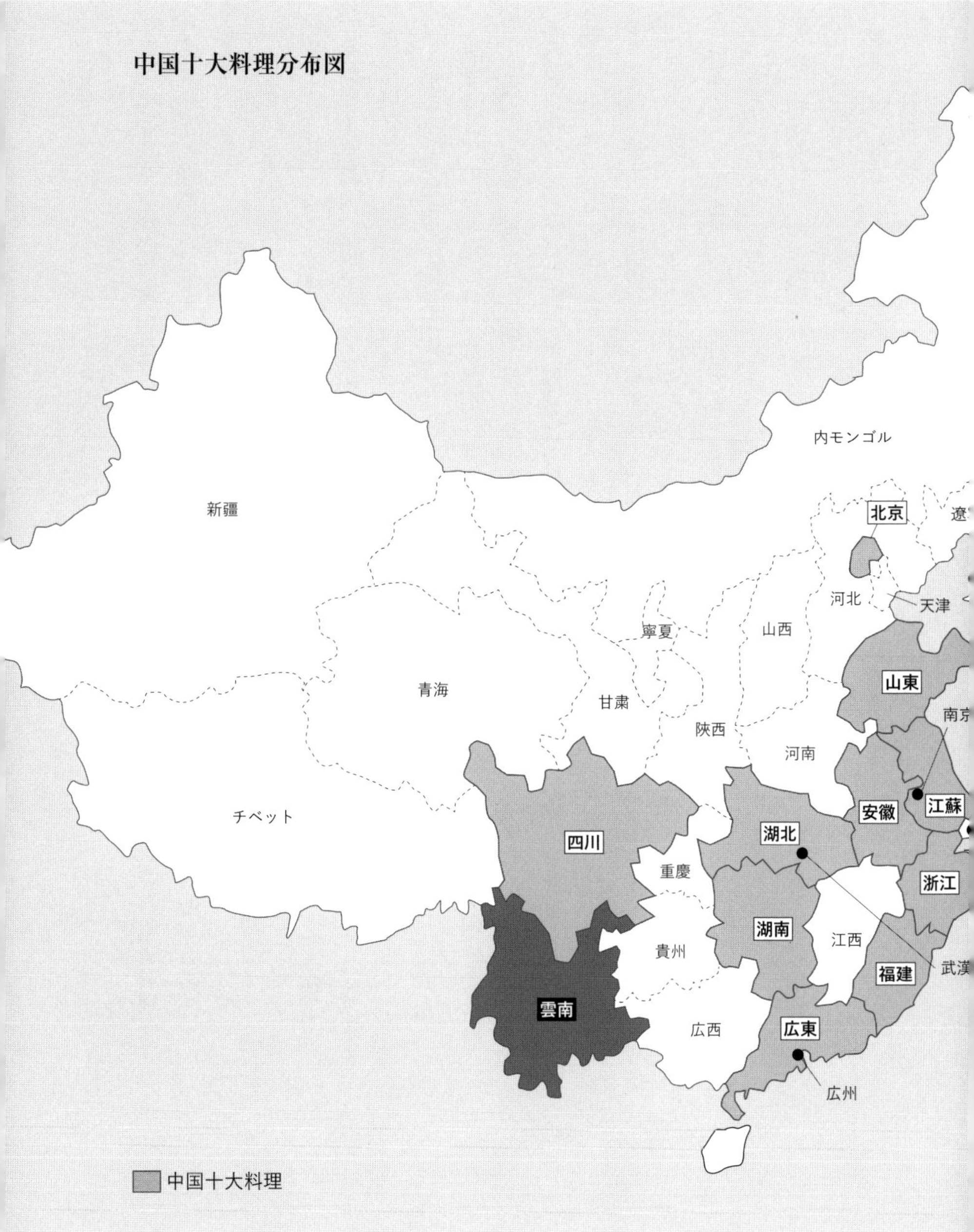
内モンゴル
新疆
北京
河北
天津
寧夏
山西
山東
青海
甘粛
陝西
河南
南京
チベット
四川
湖北
安徽
江蘇
重慶
浙江
湖南
江西
武漢
貴州
福建
雲南
広西
広東
広州
中国十大料理

現在、私はいくつかの料理店を経営していますが、出発点になった《御膳房》では雲南料理を、《百菜百味》では四川料理を、《珞珈《かっか》壱號《いちごう》》は、私の出身地である湖北の料理を中心にメニューを組んでいます。

ちなみに店名の「御膳房」は中国の皇帝の厨房を意味します。

かつての中国では、皇帝は神と並び立つ存在でした。下手な料理を出そうものなら、命の危険すらありました。日本では「お客様は神様です」という言葉をよく耳にします。ならば日本の神様に対して、中国の神様に対するのと同じような緊張感をもって最高の料理を作りましょう、との思いを込めての命名です。

《珞珈壱號》の「珞珈」は、武漢市のシンボルでもある、武漢大学のキャンパス内の小高い丘・珞珈山に由来します。正真正銘の湖北料理を提供する店、というような心づもりです。

《百菜百味》は、本格的な四川料理の提供をめざし、「百の料理には百の味がある」という四川料理を表現する中国の言葉「百菜百味」そのままです。

ところで、日本では四川料理といえば辛いとの思い込みが定着しているようですが、四川料理は「百菜百味」の言葉通り、料理の味付けはさまざま、辛いだけの一辺倒ではありません。川魚や野菜をサッと塩だけで味付けをしたような淡泊な味わいの料理も多いのです。《百菜百味》では、こういった辛いだけではない、バラエティー豊かな四川料理の提供を心がけています。

かつて日本では、邱永漢さんの著書『食は広州に在り』が大ベストセラーになり、「食は広州に在り」のフレーズがすっかり有名になり、あらためて広東料理に目が向けられたようですが、日本で広東料理といえば横浜中華街。第二次大戦後、日本で中国料理の隆盛を支えた料理人たちの多くが、横浜の中華街で修業した人たちでした。横浜中華街には広東省の出身者が戦前から根づいていました。老舗《萬珍樓》も《菜香》も、そのルーツは広東省にあります。

それぞれの料理には地方地方の特色がありますが、はっきりした線引きをするのはむずかしく、むしろ、長年にわたる人の往来で、相互に与え合ってきた影響が大きいと感じています。よく「南は甘く、北は塩辛く、東は酸っぱく、西は辛い」と言われますが、それほど単純ではありません。

北京料理の代表格とされる北京烤鴨《ベイジンカオヤー》（北京ダック／写真18ページ）は、北方騎馬民族の料理と山東料理が融合したものです。「烤」（直火であぶる焼き方）という調理法は、揚子江の南の地域ではあまり行われていません。また、北京ダックではローストしたアヒルをスライスして薄焼きの餅《ピン》（小麦粉の生地を薄くのばしてさっと焼いたもの。日本の餅に相当するのは年糕《ニエンガオ》）に包んで食べますが、稲作中心の南は小麦文化圏ではないので、こういった食べ方の発想はありません。

明の時代、都が南京から北京に移され、それに伴って南京の料理が北京にもたらされ、料理の融合も進みます。後に「ダック」となるアヒルたちの祖先も、運河を経由して北京へ運ばれました。さらにその後、清王朝が出現し、騎馬民族の影響も加わって、今日の北京料理を代表する北京ダックと涮羊肉《シュアンヤンロウ》（羊肉のしゃぶしゃぶ）が盛んになります。その北京料理を支えているのは、主に山東省出身の料理人たちです。

私が生まれ育った湖北にも、独特の食文化があります。古来、交通の要衝で、人の往来が激しく、隣接する湖南、安徽省さらには四川省からの影響もおおいにあったでしょう。

小籠包《シャオロンパオ》（スープが入った小型の肉まん）に似た湯包《タンバオ》が武漢名物ですが、それにもまして朝食として大人気なのが、武漢人のソウルフードであり、ファストフードでもある三鮮豆皮《サンシエンドウビー》（武漢おこわオムライス／写真16ページ）です。

緑豆の粉と米粉を混ぜて作った生地を大きな鉄鍋に流し入れ、クレープ状に薄く焼いてから溶き卵を回しかけます。その上に、軽く味付けしたもち米と「三鮮」——新鮮な豚肉、シイタケ、タケノコ等を炒めたもの——をのせて揚げ焼きにする、オムライスに似た軽食です。学校や仕事に向かう人たちが食堂や屋台に立ち寄り、切り分けられた三鮮豆皮を頬張る姿は、武漢の朝の風物詩です。

もうひとつの武漢名物が熱干麺《ねっかんめん》（写真17ページ）です。

揚子江の港湾都市である武漢には多くの港があり、そこで働く港湾労働者たちは気が短く、食事に時間をかけません。ある麺屋の主人が、打った麺を茹でて、テーブルの上にのせておいたところ、ゴマ油を麺にこぼしてしまった。捨てるのももったいないので、翌日、茹でなおしてニンニク、煮込んだ豚肉とその煮汁、漬物などを具材にして、混ぜるだけですぐ食べられるスープなしの一品として出したところ、大ヒットした。その後、改良が加えられ、現在のような熱干麺になったという逸話が伝えられています。

熱干麺は名の通り、熱いうちに具材と麺を混ぜて食べますが、ここで忘れてならないのが甘酒。武漢では熱干麺には、かならず温かい甘酒が付けられます。もち米から作る甘酒は、熱干麺におとらず武漢人の大好物で、どこの家でも自家製が用意され、朝、スープがわりに飲んでいます。この熱干麺も甘酒も、《珞珈壱號》で提供しています。

熱干麺は、中国五大麺のひとつとされますが、残りは、四川省の担々麺、北京の炸醤麺（ジャージャー麺）、河南省の燴麺《ホイミェン》、それから山西省の刀削麺です。

担々麺は、もともとは四川の麺屋が天秤の片方に七輪、もう一方には麺と調味料、食器などを担いで売り歩いた辛みをきかせた麺に由来します。「担担」は、この「担ぐ」を語源とします。現在は、汁なしと、汁ありがありますが、もとは汁なしでした。

炸醤麺は、茹でた麺をさっと水で洗って、くっつかないようにしてから熱々の肉ミソをのせる麺料理で、その原形は後漢の文献にも現れています。さらに時代が下って唐の時代には、水で洗って麺を冷やすという「冷淘」の記録があります。

現在見られるような、熱い肉ミソとキュウリの細切りをのせる炸醤麺は一九六〇年代、北京の隆福寺街にあった隆盛飯店に始まったとされています。

燴麺は黄河流域で食べられる麺で、きしめんのような幅広の麺を、コショウをきかせた酸辣味のスープに入れて供します。

起源については諸説あり、定かではありませんが、西安あたりでナンのような保存用の固いパンをちぎってスープに入れて、やわらかくして食べたのが始まりではないか、と言われています。この麺については、明の時代、明の始祖・朱元璋の息子が現在の山西省あたりを視察に訪れた折、立ち寄った村の老人がこの麺料理を作って差し出したところ、息子はひどく気に入り、その老人を料理人として雇い入れたという逸話が伝わっています。

刀削麺は、水で練った小麦粉の生地を、特殊なナイフで沸騰した湯の中へ削り落して茹であげる麺で、発祥について次のような話が伝えられています。

元の時代、漢民族を平定したモンゴル族は、彼らの反乱を恐れ、武器となる金属類のすべて、包丁にいたるまでを没収したが、十軒につき包丁一丁だけを割り当て、持ち回りで使うことを許した。あるとき、老人が隣家に包丁を受け取りにいったが、なかなか渡してもらえない。たまたま薄い鉄片を見つけ、それで小麦粉の生地を削って茹でたところ、おいしい麺に仕上がったとか。

本来は汁なし麺でしたが、現在は汁ありも供されています。

医食同源と薬膳料理

「医食同源」は、日本から逆輸入された、比較的新しい言葉で、食に対する考え方は中国医学の「薬食同源」を範としています。

中国では、宋代の医薬書にこんな教訓が記されています。

人が食の性を知り、組み合わせて食べることができれば、薬に倍する効果がある。老人はみな、薬が嫌いで食べものが好きなので、食べもので病気を治すほうが薬を使うよりも効果がある。ましてや、老人の病気は、嘔吐や下痢に注意しなければならないので、とりわけ食べもので治さなければならない。およそ老人が病気になったら、まず食べもので治すことにし、食治の効果がなかったら、はじめて薬を使うべきである。これが老人を養う大法である。

（陳直『養老奉親書』――『図説 中国 食の文化誌』より）

古くからの謂われで、「寒はこれを熱す、熱はこれを寒す」という言葉があります。また食材を、「温熱性」「寒涼性」「平性」に三分する知恵が、中国食文化において、広く共有されてきました。民間では、「冬は寒涼性のダイコンを食べ、夏は温熱性のショウガを食べる」「就寝時にはダイコンを食べ、起床時にはショウガを食べる」のがいいとされますが、これは養生学上、理にかなっています。

冬には温かいものを食べる機会が多いので、体内に熱がたまりやすい。ダイコンには熱を冷ますだけでなく、痰《たん》をおさえる効果があります。

夜にショウガを食べてはいけないのは、ショウガは発汗を促進し、熱を上げるきっかけになって睡眠を妨げるから。逆に、起床時にショウガを食べると、血行がよくなって活力を生み、体を目覚めさせる助けになるのです。

中国では古来、体全体をひとつの宇宙と考え、「気」の流れを重要視してきました。「気」は、目には見えない力やエネルギーのようなものと考えるといいでしょう。

たとえば、「風水」では、風水師は家や建物を取りまく気の流れを読みとって、「運気」をよくしようとします。漢方では、人間の体に流れる「気」をととのえて、細胞や臓器の働きを活発にし、血液や水分がスムーズに流れるようにして、元気を維持しようと考えます。「気」が足りなかったり、流れがよどんだりすれば、体調の不良や病気をまねきかねません。

大切なのは、「陰」と「陽」という互いに対立する二つの「気」のバランスです。具体的には、どれが温熱性の食材か、どれが寒涼性の食材かを見分け、相性を考えます。過ぎたるは減らし、足らざるは補って、「陰」と「陽」が均衡するようにします。

上海蟹を例にとってみましょう。上海蟹には「冷」の性質がありますから、ショウガを足して「陽」すなわち「温」を合わせます。「冷」ばかり一方的にとると、体が冷えてよくありません。魚はおよそ「冷」の食材ですが、日本でも寿司に、ガリ、すなわちショウガを付け合わせにするのも、深層にあるのは同じ薬膳の考え方でしょう。習慣として、長く続いたので、由来がわからなくなってしまったのだろうと思います。料理の「理」は「理にかなう」、それが食生活の知恵でしょう。

中国全土で生産される漢方薬の材料の九割は雲南省で採取されますが、少数民族の伝統的な生活の知恵として、雲南の人たちはこれらの薬草をじつにうまく取り入れてきました。

頭が痛ければ、鎮痛作用のある天麻《てんま》（ラン科のオニノヤガラの根茎の外皮をはぎ、湯通しして乾燥させたもの）と烏骨鶏を使った汽鍋スープ。さまざまな食材と薬草を材料とする汽鍋スープは、長時間蒸すことで薬草や食材のエキスや栄養分が抽出され、さらに濃縮され、体内に吸収されやすくなる、究極の薬膳料理と言えるでしょう。

また、体調がすぐれないときに漢方でも処方される田七人参。田七人参には、肝臓の機能向上や血流の改善に効果があるとされています。ただ、田七人参そのものは、いささか苦味が強すぎ、料理の味を損ねてしまいます。花は根に比べて苦味も少なく、根と同じような効能が認められ、花を使った牛肉炒田七花《ニォウロウチャオティエンチーファ》（牛肉と田七人参の花の炒め／写真15ページ）のような料理は、疲労回復だけでなく酒の飲みすぎにも効果があります。

乾燥させた田七人参の花は、熱湯を注いで茶としても飲まれています。ハーブティーのように愛飲することで、体力の増進や血流の改善に役立ちます。

フカヒレや鶏の手羽などコラーゲンを多く含む食材の美肌効果はよく知られていますが、イカもコラーゲンが豊富な食材のひとつです。藏紅花炒魷魚鮮貝《ツァンホンファチャオイォウユーシエンペイ》（イカとホタテのサフラン炒め／写真15ページ）は、色合いも美しく、保湿効果があるうえに、漢方にも使われるサフランには血行改善効果があるとされ、女性に人気の薬膳料理です。日本ではあまり知られていませんが、雲南の北方、チベットに近いシャングリラ地方はサフランの一大産地なのです。

また白キクラゲと氷砂糖を、とろみがつくまで蒸しあげた銀耳湯《インウァタン》（白キクラゲのとろみスープ／写真15ページ）は、肺機能の改善や美肌効果があるとされ、女性に人気の薬膳デザートです。

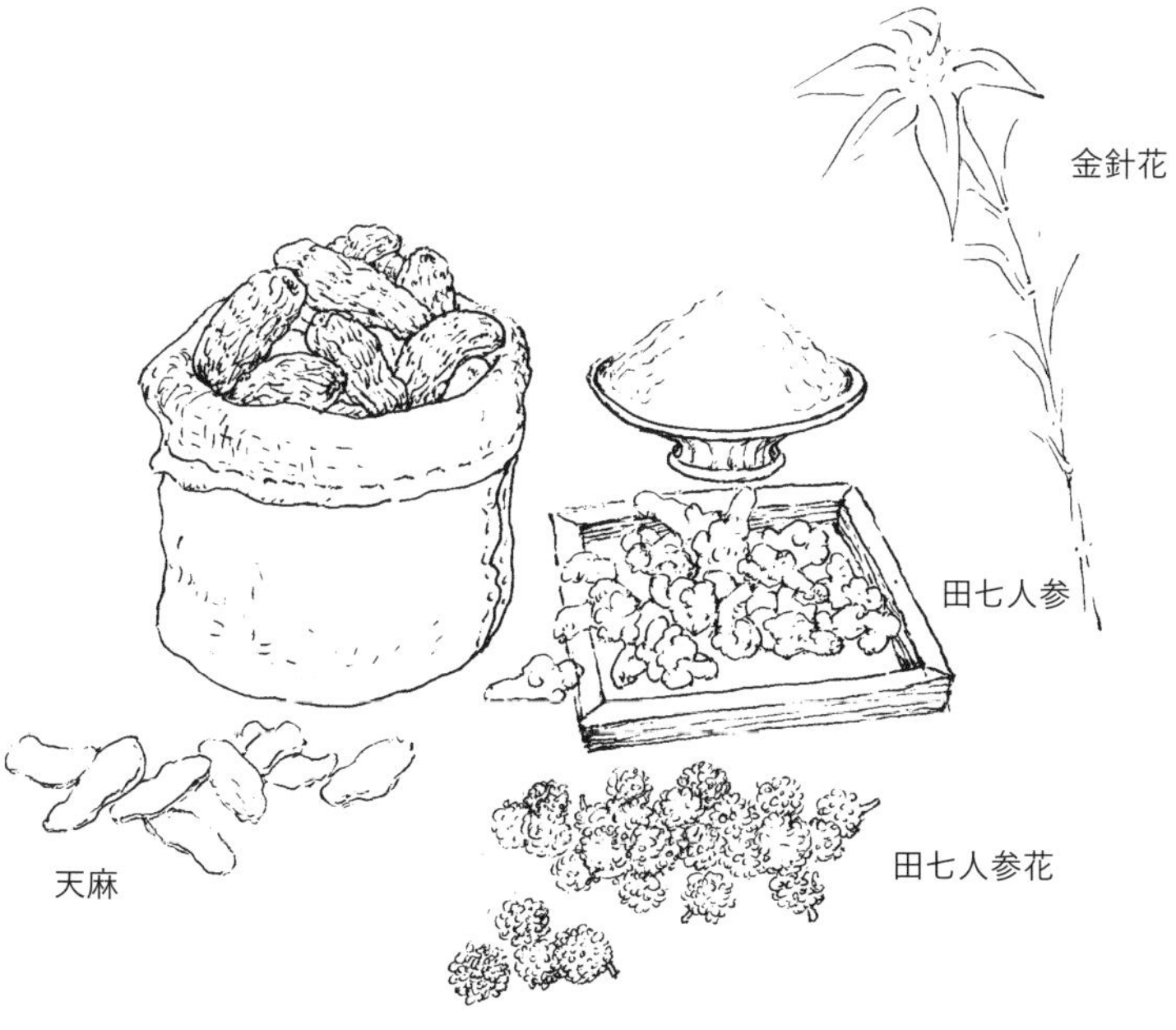

中国で特に男性に人気なのがスッポン料理。スッポンには、アミノ酸、ミネラル、ビタミン類など多種の栄養素が含まれ、疲労回復や体力増進効果があるとされていますが、じつはコラーゲンも豊富で、女性の美肌効果にもすぐれた食材なのです。

ただ薬膳が体にいいからといってやみくもに食べるのではなく、季節や体調に合わせて「温熱性」、「寒冷性」の食材をバランスよく取り込んだ料理でなければなりません。

概して、春は冬に体内にとどまっていた「気」が表に出ようと活動するため、体のバランスをくずしやすいとされています。この時期には、陰陽のバランスをとるうえで効果のある食材として、ホウレン草、ニラ、セロリ、ダイコン、卵、ニンジンなどが推奨されます。

夏は、「陽」の気がいちばん活発な季節。体に熱がたまりやすいので、熱を冷ます食事を意識しましょう。ウリ類、トマト、ナスなどの夏野菜は寒冷性の食材で、熱を冷ます効果があるとされています。ただし、近年は冷房の普及で体が冷えやすく、意識して体を温める食事を摂る必要もあります。

秋は乾燥の季節。体を内からうるおすよう心がけることが大事です。体をうるおす食材にはレンコン、イモ類、キノコ類、豆類などがあります。

冬は、活力を補う季節。つまり体を温め、エネルギーをためることが必要です。そのためには、鍋物をはじめとして、カボチャ、イモ類、ニンジン、ニラ、羊肉など温熱性の食材を取り入れた食事を摂るように心がけます。

常に食材の性質を意識して食事を摂ることによって体のバランスは保たれ、ひいては日々の健康につながるのです。

二十四節気と料理

中国において旧暦が使用されていた時代、「二十四節気」は人々の季節のよりどころとして非常に大きな意味を持っていました。太陽暦が公式に採用されても人々の生活感覚はそのままに、暦といえば慣れ親しんできた旧暦、すなわち太陰太陽暦でした。そうはいっても、すべての公式事業が太陽暦にのっとって行われるようになると、太陽暦を受け入れざるを得なくなります。それまで生活と密接な関係があった二十四節気は、特に若い人たちのあいだで、重要視されなくなってきます。

一九四九年、このように伝統文化が薄れていくのを惜しんだ物理学者の薛琴訪《シュエチンファン》氏は、二十四節気すべてを織り込んだ詩文を「二十四節気歌」として発表しました。詩文自体に特別な意味はありませんが、その語呂のよさ、リズムのよさから広く口づてに伝えられ、私なども幼い頃から口ずさみ、自然と二十四節気を覚えてしまいました。

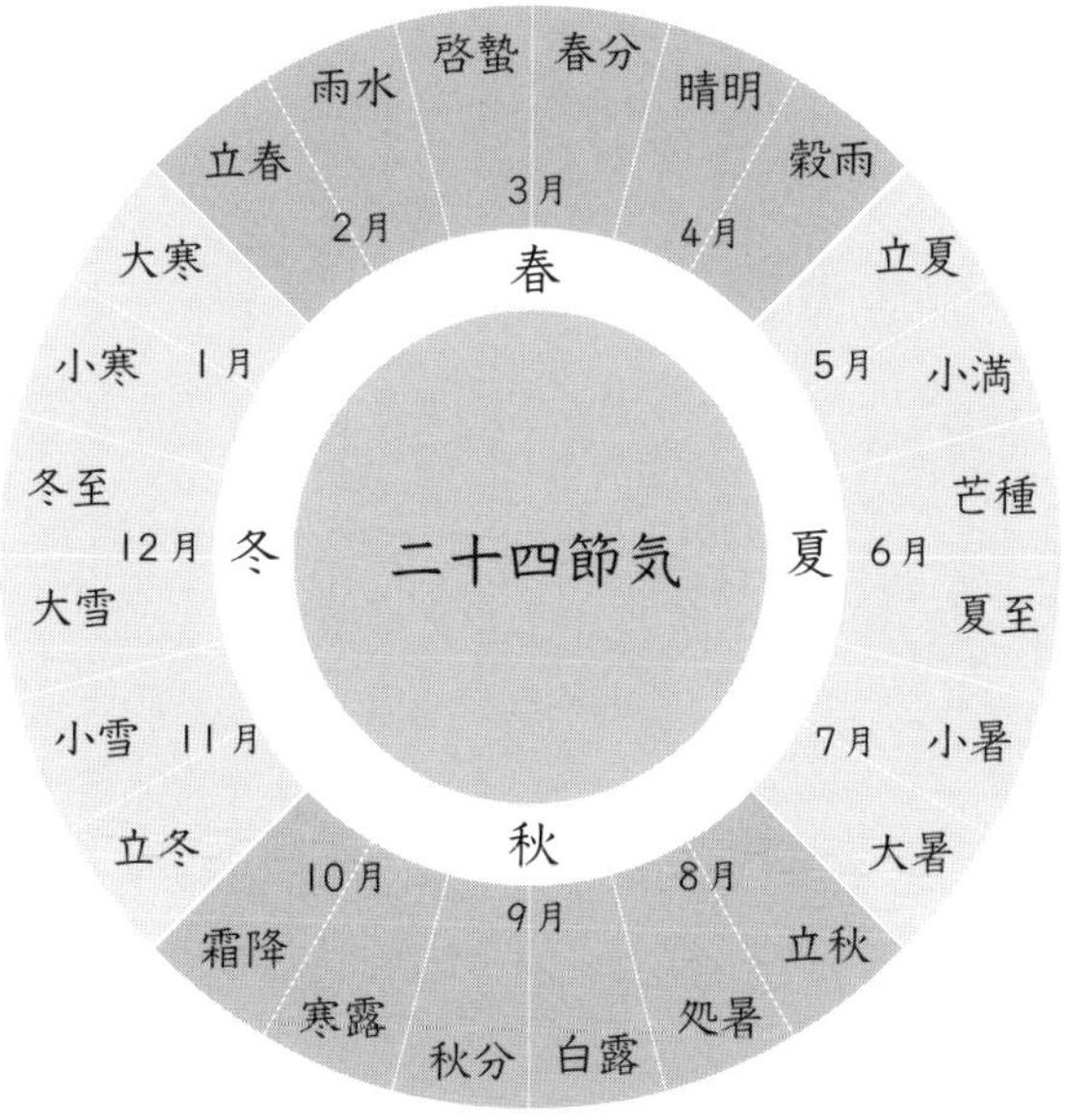

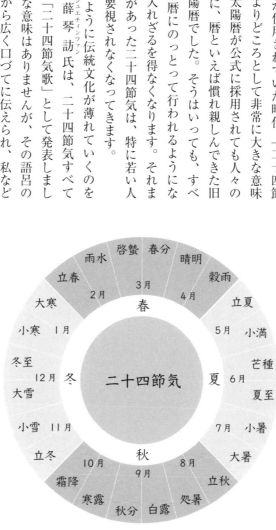

春雨驚春清谷天　チュンイー ジィン チュン チン グゥティエン
夏満芒夏暑相連　シャ マァン マァン シャ シュウ シァン リェン
秋処露秋寒霜降　チウ チュウ ロォ チウ ハン シュアン ジィアン
冬雪雪冬小大寒　ドン シェ シェ ドン シャオ ダー ハン

さらに、二〇一六年には二十四節気がユネスコ無形文化遺産に登録され、あらためて旧暦や節気への関心が高まりを見せています。

たとえば、故宮博物院が毎年刊行している日めくりカレンダー「故宮日暦」は、近年、数百万部のベストセラーになっています。所蔵する美術品の数々を日々、カラー図版で紹介し、日付の書体も名だたる書家の墨蹟を使うという凝った作りもさることながら、旧暦に加え、家を建てていい時期とか、旅行に適しているとか、といった情報が満載されています。初年度はわずか六〇〇〇部しか刷られませんでしたが、意外にもすぐ売り切れ、以後、毎年部数をふやして出版しているそうです。季節を意識した暮らしに関心が高まっている証と言えるでしょう。

考古学の研究成果によれば、古来、中国はおよそ一万年にもわたって農耕文明を築きあげてきました。農作物の栽培と収穫は、春に生じ、夏に長じ、秋に収まり、冬に蔵《かく》れるという万物の自然法則に寄り添うにあたって、天体の観測と暦の作成が早い段階で始まったと考えられます。

天体の観察により、はやくから一年が約三六五日であることは認識されていましたが、実際に使われていた暦は月の満ち欠けをベースにしており、満月から満月までを一カ月としていました。そうすると一年は約三五四日になり、十一日間の誤差が発生します。その誤差を埋めるために数年に一度、一年を十三カ月にして、一年の長さを調節しました。これが太陽暦採用まで使われてきた太陰太陽暦です。しかし、月の満ち欠けをベースにしているため、どうしても実際の季節とのあいだにずれが生まれ、農耕には不便が生じます。そのずれを補うために、星を観察して、春分、夏至、秋分、冬至を定めていましたが、周の時代以降、日時計による太陽の観察が行われ、より正確に季節の測定がなされるようになります。

戦国時代（紀元前五世紀〜紀元前二二一年）になって、冬至から始まる一年を二十四等分し、その分点に節気を置く、いわゆる二十四節気が成立します。紀元前三世紀末頃には、さらに体系化され、節気と節気の間を三等分して一候とし、一年を七十二候とする方法が完成します。農耕文明の結晶とも言うべき、実際の季節に即したこの合理的な考えは中国五大発明のひとつとも称されます。

ところで、はじめは冬至が一年の始まりでしたが、いつ頃、正月を年始とするようになったのでしょうか。暦は時々の王朝によって改暦が行われてきましたが、紀元前一〇四年、漢の武帝治下の太初元年、治暦学者の鄧平《とうへい》らが編纂にあたって、それまで使用してきた、秦時代の顓《せん》頊暦《ぎょくれき》を改暦し、「太初暦」を開始します。この太初暦から、正月を年始にしたとされています。

「不時不食」――「時ならざるは食らわず」と読み下しますが、これはかの孔子の教えを弟子たちが記し、紀元前に成立した『論語』に見られる一節です。「定まった時間以外に食事をしない」ではなく、真意は、季節に応じて、旬のものを食べなさい、という教えでしょう。

ほとんどの食材は、旬がもっともおいしいはずですから、いつ収穫するか、タイミングが大切です。植え付けも収穫も、農作業は節気に呼応して行われます。かくして節気を意識した食文化が生まれ、生活の中に取り込まれていきます。背景には、長い歴史と、先人たちの知恵があるわけです。そして思想的には、「不時不食」と「薬食同源」があって、折々の薬膳料理が生まれます。

近年では地球温暖化の影響でしょうか、暦と体感のあいだにずれが生じ、「旬」をアピールするタイミングの難しさを、日々、痛感しています。

たとえば、雲南省ではマツタケの旬は八月ですが、秋が旬の日本市場を考えると、およそ一カ月の間合いがあります。中国では、春分から数えて十五日目の清明節の前後に、茶摘みが行われ、その頃にとった新茶を尊びますが、立春を起算日として、五月初旬の八十八夜頃に茶摘みをする日本とは、やはり一カ月近いずれがあります。どのタイミングで食材を切りかえるか、店主としては、悩ましいかぎりです。

指針として、「美味求真」を胸に刻んでいます。この言葉もまた和製で、貴族院議員、衆議院議員を務めた木下謙次郎（一八六九〜一九四七）が一九二五年（大正一四年）に発表して、ベストセラーになった随筆『美味求真』が源です。

美食家として知られた木下は、「美味求真」を料理の哲学だと記しています。孔子の「不時不食」にもふれていて旬の食材を推奨し、また、料理とは素材の持ち味を活かし、長所を引き出すことである、と説いています。

昔の文人たちは、茶をいれる水にしても、やれ、朝露の水がいい、揚子江のちょうど真ん中の波が立っている場所の水がいちばんよい、などと風流趣味を競い合いました。今日では、銘茶として知られる龍井茶《ロンジン》ですが、はじめに井戸、つまりいい水があったから、周囲で茶を栽培するようになったと言われます。

こうしたこだわりをもって、食の原点に戻って味を追求するうえで、欠かせないのが、調理の技術や技法です。中国料理では、それぞれの素材に対して、その持ち味を最大限に引き出す調理技術が長年にわたって培われてきました。

干しアワビを調理するとしましょう。

まずアワビを一晩水につけ、さらにそれを茹でて、やわらかくする作業から始まります。それとはべつに、二、三日かけて鶏肉、豚肉、牛肉などをたっぷりの水で煮込んでスープを作ります。ここで肝心なのは、アクを完全に取り除くこと。そのためにミンチした鶏のササミや牛のもも肉を使います。

こうしてできた澄んだスープに、やわらかくもどした干しアワビを入れていっしょに煮込むのです。スープが十分濃厚なので、少し塩味を足すだけで、雑味のない、純粋で深い味わいになりますが、この間、一週間を要します。ただし、料理としてお出しするには、古来の味を忠実に再現するだけではなく、同時に、現代の洗練と創意工夫を加える必要があることは自明の理でしょう。

こうした先人の知恵に工夫を加え、さらに私たち東洋人が持つ季節へのこだわりを表現すべく、二〇一〇年に《御膳房 二十四節気之華魂和装《かこんわそう》》をオープンしました。そこでは二十四節気を、料理を通して体感していただくために、節気ごとにメニューを入れ替えるという大胆な方針を掲げています。

店名の「華魂」は、中国料理の伝統と技術、そして心を広く伝えたい、との思いからの命名ですが、「和装」は、ただ日本の器を使い、店舗の内装を和風にしつらえる、という意味だけではありません。日中食文化の架け橋になるという、われわれがよって立つところ、という思いを込めたつもりです。

食材は安心安全の国産有機農産物に加えて、日本および中国から最高級の食材を調達し、雲南料理を中心に、本場から招いた一流のシェフが腕をふるい、新たな発想から生まれた旬にこだわった料理の提供をめざしています。

お出しする料理の素材には、それぞれ「理」と「旬」があります。日本各地の美味と四季の旬を、そして中国料理の真髄を、《華魂和装》のシェフがどのように表現するか、ぜひ味わっていただきたいと思います。たとえば、ツバメの巣(アナツバメ類)は、広東料理で珍重される高級食材として知られていますが、それだけを出しても当店では意味がありません。当店オリジナル料理の官燕藏紅花酒醸《グアンイエンツァンホンファジォウニヤン》(紅ツバメの巣酒醸風味サフラン添え/写真21ページ)を例にとりますと、雲南は米食文化発祥の地ですから、やはり発酵文化を象徴する酒醸《ジォウニヤン》(もち米を発酵させて作る甘酒の一種)で調味し、雲南産のサフランをのせて仕上げます。

夏から春先にかけて収穫されるレンコンにしても、レンコンだけでは私たちがめざす料理になりません。春はアスパラガス、夏にはシロウリ、秋と冬はギンナンかユリネ、それぞれの季節に応じて合わせる素材に意味を込め、季節感を演出します。さらに「意境菜」が典型ですが、料理をお出しする際には、かならずスタッフにその謂われをお話しするよう、教育しています。

能書きの多い料理店かもしれませんが、私と料理人そして店のスタッフにはお客様にお伝えしたい物語があるのです。

エントランスには、世界的に著名な盆栽家の小林國雄先生の折々の節気にふさわしい作品を、そして明代の骨董品の皿、魯山人ゆかりの折敷《おしき》（写真22ページ）や食器、内装には伊万里焼きの破片を使ったコラージュ、それなのになぜ、超モダンな現代ドイツ製の杓子《しゃくし》なのか。遊び心まで味わっていただければ幸いです。

文人〈詩歌と料理〉

中国では詩、書、歌、絵、篆刻など、多分野に秀でないと、文人とは呼ばれません。いわばマルチアーティスト、教養と技術がないと勤まらない。グルメが多いのも、文人ならではでしょう。北大路魯山人も中国の文人に近い存在です。

宋代きっての詩人、蘇軾《そしょく》（一〇三七～一一〇一）も書家、画家として名をなし、音楽にも通じた文人で、かつ科挙に合格した高級官僚でもありました。

蘇軾は国政を批判した罪で黄州《こうしゅう》（現在の湖北省黄岡《こうこう》市黄州区）に左遷されます。荒れはてた土地の名にちなんで、蘇軾は自ら「東坡《とうば》居士《こじ》」と名乗り、農作業のかたわら、諸芸の研鑽に励みました。この地で安価な豚肉に目をつけた蘇軾は、後に「東坡肉《トンポーロウ》」と呼ばれることになる紅焼肉《ホンシャオロウ》（豚バラ肉の醤油煮）の原型を考案し、次のような詩を詠んでいます。

食猪肉

黄州好猪肉
値銭等糞土
富者不肯喫
貧者不解煮
慢著火　少著水
火候足時他自美
毎日起来打一碗
飽得自家君莫管

猪肉を食らう

黄州の豚肉は上質で
値段は土のように安いというのに
金持ちは食いたがらないし
貧乏人は調理法を知らない。
ゆっくり火をつけ、水は少なめ。
十分グツグツ煮れば自然にうまくなる。
毎日起きたら一碗作る。
自分が腹いっぱいになればそれでいい。他人の知ったことではない。

（石川忠久『漢詩をよむ―蘇東坡一〇〇選』より）

皇帝が代替わりし、蘇軾もいったんは中央政界に復帰しますが、今度は杭州に左遷されます。浙西《せっさい》一帯が大雨に見舞われ、太湖が氾濫した折、蘇軾はいち早く陣頭指揮をとって住民を救い、さらに西湖をさらい、さらった泥で土手を造成したのです。感謝した杭州の人々は、土手を「蘇堤」と呼び、蘇軾が紅焼肉をこよなく愛していると聞いて、豚肉を献上しました。蘇軾は、その豚肉を調理して、湖をさらった人々の労をねぎらったと伝えられています。人々がこの逸品を「東坡肉」と呼んだことから、杭州名物として知られるようになりました。

中国の名菜をめぐる逸話には、皇帝と並んでたびたび文人たちが顔を出します。それも、庶民の文人に対する敬意があってこそでしょう。

近年、中国では詩歌の世界をイメージした料理「意境菜」を、詩を朗唱しながら出す、という店が出現しています。「意境」とは、「詩歌の世界をイメージする」を意味します。《御膳房》の黒酢酢豚（写真19ページ）を例にとると、人の姿も絶えた真冬、雪降るなかを老人が一人、川に小舟を出して釣りをしている情景を詠った、唐時代の詩人・柳宗元《りゅうそうげん》（七七三〜八一九）の詩「江雪」をイメージしています。

黒い皿に高低をつけて盛り付けられた豚肉は、山と谷を表しています。この料理をお出しするときに、「江雪」を朗唱しながら、雪に見立てた粉砂糖を振りかけるというような演出ができれば、料理を楽しみながら同時に詩歌の世界にもひたれる、という最高のおもてなしになると思っています。

江雪

千山鳥飛絶
万径人蹤滅
孤舟蓑笠翁
独釣寒江雪

江雪《こうせつ》

千山 鳥 飛ぶことを絶え
万径《ばんけい》 人蹤《じんしょう》 滅す
孤舟 蓑笠《さりゅう》の翁
独り釣る 寒江の雪

茶と酒

一九八一年、陝西省《せんせい》西安の郊外にある法門寺の塔が台風で倒壊しました。一九八七年、再建を前にした塔基部の発掘調査で、唐の時代までさかのぼる地下の石室が発見され、金銀の箱に収められた仏舎利のほか、当時の宮廷茶器や道具も大量に出土しました。法門寺は、インドのアショーカ王の命によって分骨された、釈迦の仏舎利を納めた寺として知られた名刹です。研究の結果、地下の宝物は、唐朝末期の僖宗《きそう》皇帝によって奉納されたと判明しました。じつに一〇〇〇年以上の時を経て、世に出たのでした。

茶器は、金・銀・ガラス製といった素材の豪華さが目をひきますが、同時に唐時代の喫茶法を伝える茶碾子（薬研《やげん》）などの茶道具にも注目が集まりました。

三国時代から茶が嗜好品として飲まれていたことは文献でも明らかですが、唐の時代になると、嗜好品としての性格はさらに強まり、貴族や文人たちは頻繁に茶会を催して茶を楽しむようになります。茶のバイブルともされる陸羽の『茶経』が書かれたのもこの時代です。

唐の時代の茶の飲み方は、茶葉を蒸してから搗《つ》いて固めた固形茶の餅茶《へいちゃ》を薬研で細かく挽いて、煮立てて飲む方法でした。この餅茶は、作るのにも飲むのにも非常に手数がかかるので、特権階級の飲み物であった、と考えてよいでしょう。

宋の時代になると飲茶は貴族から役人、文人、富裕な商人に、さらに庶民のあいだにも広がりを見せ、茶を飲ませる茶肆《ちゃし》が街のいたるところに見られるようになります。唐代のものより質の向上した固形茶(片茶《へんちゃ》)が現れ、散茶《さんちゃ》(葉茶《はちゃ》)も普及しますが、片茶も散茶も茶臼で挽いて粉にして、湯をそそぎ、かき混ぜて飲んでいました。日本の挽茶の原形です。この時代、製造に多くの工程も要する片茶は金持ち階級に愛飲され、庶民は手軽な散茶が主流であったようですが、一方では、茶葉に直接湯をそそぐ飲み方も行われていました。

明の時代になると、始祖の洪武帝《こうぶてい》は、製造に手数がかかるとして、それまで固形茶で行われていた貢茶を散茶に切りかえ、固形茶の製造を禁止します。そのため一気に散茶が主流になり、飲み方も茶葉に湯をそそぐ方法になり、いまに見る中国茶の礎が築かれますが、一方で挽茶は衰退し、姿を消してしまいます。

洪武帝は固形茶の製造をなぜ禁止したのでしょうか。製造に手間がかかりすぎ、農民への負担が大きい、というのが表向きの理由ですが、はたしてそれだけだったのでしょうか。

以下はあくまでも私の推測ですが、もともと貧農であった洪武帝には高価な固形茶など買えるはずもなく、飲んだことすらなかったのだろう、と思います。茶葉に直接、湯をそそぐような荒っぽい方法で飲んでいたのでしょう。皇帝に即位した後も、飲み慣れない高級茶よりは、飲み慣れていた方法で飲む茶のほうが、はるかに好みに合っていたということではなかったのか、と想像しています。

ところが中国ですたれてしまった挽茶は、日本における茶道において不可欠の存在となり、精神文化の重要な一翼を担い、今日にいたるまで連綿と引きつがれてきたというわけです。このあたりに、日中文化交流の深みが感じられます。

私自身、茶道に興味があり、自宅に茶室をしつらえるほどですが、最初は奇異に思えた儀式化された振る舞いや作法も、繰り返すうちに、いまではそうすることで不思議と心が静まり、精神世界へ近づいたような心持になるから不思議です。先祖返りと申しましょうか、茶道を学ぶうちに、そのルーツに思いを馳せるようになりました。

また、インドから中国を経て日本へ伝わり、独自の発展を遂げた禅も、私にとっての精神世界への重要な案内人になりました。京都に出かけた折には、時間が許すかぎり、南禅寺や大徳寺の座禅会に参加するようにしています。参禅したあとの、心が洗われたようなすがすがしい気分は何物にもかえがたいです。

中国には、政府公認の「茶芸師」と呼ばれる国家資格があり、茶葉に関する知識や茶をいれる作法はもちろん、茶にまつわる歴史や文化にも知悉《ちしつ》しているよう求められます。香りを味わう、色を見て茶葉を当てる、そんな遊びもあります。

こうした伝統は、宋代の闘茶まで歴史をさかのぼります。士大夫は、科挙官僚であり、資産家であり、文人でもある新興階級でしたが、彼らのあいだで、茶を品評する余興が文化として育まれました。茶の味わいや色あいはもちろん、茶器にいたるまで、その優劣を競い合うのです。さらに皇帝に茶を献上する貢茶の制度により、どの茶を献上すべきか、品質が厳しく問われ、結果的に栽培や製茶の技術向上につながったのでしょう。

一般に、中国の茶葉は加工工程や火入れの具合によって、次ページの表のように大きく六種類に分類されます。

雲南は中国における茶の一大産地で、茶の原木も雲南にあります。栽培されているのは南方系の大葉茶。プーアール県には、唐の時代から盛んに茶の栽培が行われ、収穫した茶葉はすべて皇帝直属の作業場で茶に仕上げられ、宮廷に納められていた、という歴史があります。
プーアール茶は、茶葉を完全発酵させたあと、麴菌などの微生物で発酵熟成させた黒茶で、カフェインが少なく、薬用としても使われますが、胃への刺激が強いので、食後に飲むものとされています。

茶葉の分類

緑茶	発酵なし	龍井《ロンジン》茶、碧螺春《へきらしゅん》
黄茶	微発酵（発酵度一〇～二〇％）	君山銀針《くんざんぎんしん》、霍山黄芽《かくさんこうが》
白茶	軽度発酵（発酵度二〇～三〇％）	白牡丹《はくぼたん》、白毫銀針《はくごうぎんしん》
青茶	半発酵	鉄観音、大紅袍《だいこうほう》
紅茶	全発酵（発酵度八〇～九〇％）	祁門《キームン》紅茶、雲南紅茶
黒茶	後発酵（発酵度一〇〇％）	普洱《プーアール》茶、千両茶

プーアール茶

遊牧民は、ビタミン不足を補うために、固めて乾燥させたプーアール茶を常時携行し、砕いてミルク（馬乳や山羊乳）に入れて飲む習慣があります。プーアール茶は、熟成が進むほどに味わいが深くまろやかになり、熟成の進んだものは高額で取引されています。

日本でポピュラーな烏龍茶は青茶に属し、鉄観音茶と同様、半発酵です。

紅茶は茶葉を完全発酵させたもので、色が濃く、カフェインを多く含有します。

緑茶は摘みとった茶葉をすぐに加熱し、発酵をおさえて乾燥させています。その他、菊やバラの花を乾燥させた菊花茶やバラ茶などの花茶もあります。湯をそそぐと花びらが開き、花の香りと美しさが楽しめます。

ここまで見ただけでも、茶という素材を、どうすればおいしく飲めるのか、また、効用を引き出してどう健康に役立てるのか、数千年の歴史と試行錯誤がしのばれます。

《御膳房》では、十数種類の茶のなかから、好みの茶を選んでいただくようにしています。茶種によっていれ方も飲み方も異なり、それぞれの茶種にふさわしい茶器が使用されます。高品質の茶は、釉薬をかけずに高温で焼かれた炻器《せっき》の急須を使い、盃ほどの大きさの茶碗で飲みます。

中国には「茶が急須を養う」という謂れがあります。香りが交じり合わないようにひとつの茶に対してひとつの急須を使い、使用後の急須は熱いうちにやわらかい布で水分を丁寧にふきとり、茶の香りをとどめるよう、気遣います。「急須を養う」とは、茶器を使いながら、自分好みになじませていくプロセスをさします。日本の茶道との近さを、感じていただけると思います。

中国では、茶をじっくりといれ、ゆっくり味わう作法を「功夫茶」と呼びますが、ブルース・リーでおなじみの「カンフー」（北京語ではゴンフー）も同じ「功夫」です。功夫には「時間をかけること」と「鍛えて優れた技術を持つ」の意味があります。これは武術にも通じる概念で、茶の作法も武術も、訓練を積んではじめて技術が修得できるのです。

功夫では、湯ひとつとってみても、緑茶にそそぐ湯は八十五度、プーアール茶は一〇〇度でもいい、烏龍茶なら九十五度は欲しい、といった具合に茶の種類によって繊細な使い分けをします。また、緑茶はその年にとれた新茶がいちばんおいしい。他方、プーアール茶は年数がたつほど熟成が進み、価値も上がっていきます。

茶も料理と同様に、さまざまな伝説や逸話を交えて語られていますが、なかでも有名なのが緑茶の最高級ブランドとされる龍井茶と乾隆帝にまつわる物語です。

西湖龍井茶の歴史は古く、唐代にさかのぼります。龍が銘茶を飲みに井戸を訪れたという伝説があり、「龍井」の名がつきました。

清代に入って、乾隆帝の御代に、帝はおしのびで杭州龍井村を訪れ、由緒ある十八本の茶の木から、若芽を摘み始めました。そこへ、随行の宦官《かんがん》から、「皇太后がご病気です。急いで北京にお戻りください」と奏上された。帝はあわてて茶の若芽を袋に詰めて、北京に戻ったところ、幸いにして、皇太后の病状は安泰でした。茶葉の香りに気づいた皇太后のために、後日、茶をいれたところ、皇太后の病状は好転し、皇太后は、龍井茶は妙薬だと太鼓判を押し、一躍、名が高まったとされています。

酒と詩歌は切り離せません。李白《りはく》(七〇一～七六二)といい、白居易《はくきょい》(七七二～八四六)といい、酒豪でならした詩人も多く、酒がないといい詩は作れなかったかのようにも思えます。昔、酒を入れた盃を流れに浮かべ、盃が手元にくるまでに詩を作る「曲水の宴」という風雅な遊びがあり、日本にも伝えられましたが、酒は文人の風流と切り離せない存在のようです。

月下独酌（抄）

花間一壺酒
独酌無相親
挙杯邀明月
対影成三人

月下独酌《げっかどくしゃく》　李白

花間 一壺の酒
独酌 相親しむ無し
杯を挙げて明月を邀《むか》える
影に対して三人を成す

「詩仙」とたたえられる李白は唐の時代随一の、否、中国の詩歌史上において至高の存在です。李白と並び称される「詩聖」の杜甫（七一二～七七〇）は、李白をこう詩に詠んでいます。「李白は、一斗飲むうちに詩百編を創る。長安の市場街、酒家で眠り込む。天子のお召を受けても、御座船に乗り込めず、酒中の仙人と称する」（『飲中八仙歌』より）。この詩から、李白は「酒仙」とも呼ばれるようになりました。いささか誇張された詩文とはいえ、「一斗」といえば、一升瓶で十本にもなります。当時の酒は、現在より薄かったのでしょうか。

中国の酒は、もち米を原料とする醸造酒の「黄酒《ファンジオウ》」と、コーリャンなどを発酵させ、蒸留した「白酒《バイジオウ》」の二つのタイプに分かれます。黄酒の代表が浙江省で作られている紹興酒です。一方、白酒はというと、無色透明、コーリャンやトウモロコシ、サツマイモなどを原料にして作られます。白酒の代表格が貴州省特産の茅台酒《マオタイ》です。

日本では、焼酎などのアルコールの度数が高い白酒は、水などで割って飲むことが多いようですが、中国ではストレートで飲むのをよしとし、生《き》の芳醇な風味を楽しみます。中国人は、酒を水で割る人を、水で薄めた酒を売る悪徳商人になぞらえて、〝悪い商人〟(奸商)といって揶揄します。酒を水で割るなど、もってのほかということなのでしょう。私としては、最初の一口は、生のままで、本来の味を味わっていただきたいと思います。

貴州には酒造りに欠かせない良質の水があるうえにコーリャンもとれるので、質の高い茅台酒が生産されています。四川省の蒸留酒も、中国全土を対象にしたランク付けでは、五つの銘柄がベストテン入りするほど高い評価を受けています。古酒にも人気がある茅台酒にはコレクターがいて、オークションにも出品され、稀少品には高値がつきます。

紹興酒は、浙江省紹興市の鑑湖《かんこ》の湧水を使って醸造される黄酒です。もち米に麦麹を加えて発酵させて原酒を作り、その原酒を他の数種の酒や水とブレンドし、甕で熟成させてから、瓶に詰めて出荷されます。熟成年数が長いほど糖度が上がって味がまろやかになります。瓶に移した時点で発酵は止まりますから、瓶のまま置いたところで、熟成は望めません。

紹興酒には五年ものとか、二十年ものとかラベルに表示されていますが、これは五年間、ないし二十年間、甕で発酵させたという意味になります。五年ものと二十年ものでは、糖度が一・五度くらい違ってきます。

ところで、日本では黄酒を十把ひとからげに「紹興酒」と呼んでいるようですが、「紹興酒」いう名前は、紹興で鑑湖の湧水を使って作られた酒にしか使えません。他の地域で作られた黄酒は、「XXX老酒」というようなラベルを付けて売られていますが、ラベルのどこにも「紹興酒」とは記されてないはずです。

白酒と同様、黄酒も中国ではストレートで飲まれますが、日本では、氷砂糖を入れて飲んでいる光景がよく見られます。一説には、一九七二年の日中国交正常化以前は、日本と中国のあいだで直接貿易は行われず、中国製品の多くが台湾や香港経由で輸入され、上質の黄酒が日本には入ってこなかったせいだ、と言われています。熟成年数の短い黄酒には雑味があり、氷砂糖を加えると、その雑味が消えて、味がまろやかになるのは確かです。

もちろん、美食も美酒と切り離せません。《御膳房》を開店するにあたって、フランスのボルドー地方の五大シャトーをまわってワインを試飲しました。雲南料理に合う高級ワインがきっとあるはずだ、という思いでした。また、気軽に酒と料理が楽しめるカジュアルタイプの《168バル》を始めるにあたっては、料理に合うワインを探すために三〇〇種ほどのワインを試飲しましたが、有名シャトーのワインだから、高価なワインだからといって、うまいとは限らないという、至極もっともな結論に達しました。

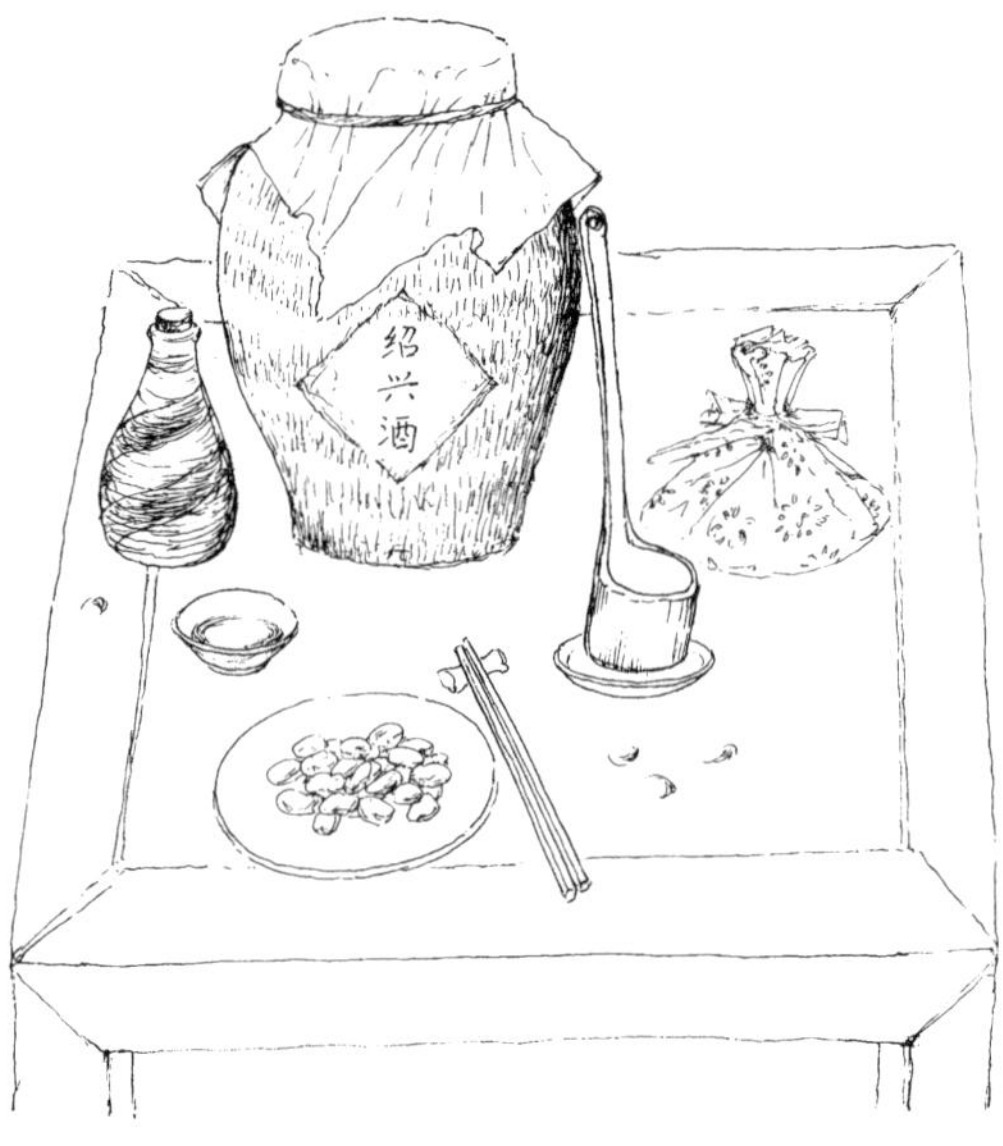

紹興酒

第二部

四季を食べる

春歌

春の節気

立春
旧暦では一年の始まりです。寒さのなかに、春がほのかに感じられます。

雨水《うすい》
雪が雨に変わって氷を融かし、草木が芽を出し始めます。

啓蟄《けいちつ》
(中国では驚蟄)大地が温まり、冬ごもりしていた虫たちも顔を出し、動き始めます。

春分
昼と夜の長さが同じになる日。日本では墓参りをする彼岸の日です。

清明《せいめい》
陽ざしの下、地上のすべてのものが清らかで生き生きと目覚めます。中国ではこの日に墓参りをします。

穀雨《こくう》
(中国では谷雨)野菜、果物をうるおす春の雨。穀物の成長をうながします。

春節を祝う

旧暦では立春とともに春が訪れ、一年の始まりを寿ぎ、祝います。西暦でいえば二月三日から五日あたりで、中国の正月、いわゆる春節は、その前後になります。春節には、日本の正月と同じように、何日も前からご馳走を用意しますが、食材は季節のものというより、縁起のいい品々を集めて縁起のいい料理というのが春節料理のコンセプトで、日本のお節料理によく似ています。

たとえば、春節の宴席にはフカヒレの料理がよく出されますが、フカヒレを表す漢字「排翅《パイチー》」の「翅」には「翼」の意味があり、成功して、鷹のように自由にはばたけるように、との願いが込められているのです。

《御膳房》でも、この時期には、フカヒレとキヌガサタケを雲南特産の汽鍋で蒸しあげる店の定番料理・雲南汽鍋竹笙排翅《ユンナンチィグオチォーシャンパイチー》（アオザメのフカヒレ汽鍋蒸し／写真158‐159ページ）を、「宏図展翅《ホントージャンチー》」（目標を高く持ち、鷹のように大きくはばたく、の意）と、めでたい名に変えてお出しします。

同じように春節に名前を変えてお出しする料理に、龍蝦虎掌菌《ロンシアフウチャンチィン》（伊勢エビとコウタケの炒め）（写真157ページ）があります。

塩と紹興酒だけで軽く味付けした伊勢エビの身と、オイスターソースと醬油で濃い目に味付けしたコウタケを盛り合わせた料理で、中国では、伊勢エビは「龍蝦《ロンシア》」（龍のようなエビ）、コウタケは「虎掌菌《フウチャンチィン》」（虎の手のひらのようなキノコ）と表されます。また、龍は超能力を有し、天を自由に飛翔する霊獣として、虎は並はずれた力を持つ生き物として崇められ、縁起のいい動物として、めでたい席にはなにかと姿を変えて登場します。この料理では、伊勢エビを龍に、コウタケを虎に、皿に飾った伊勢エビの頭を天に昇っていく龍に見立て、この時期だけ、料理名を「龍騰虎躍《りゅうとうこやく》」と変えています。

「宏図展翅」も「龍騰虎躍」も、《御膳房》のオリジナル料理で、新しい年が飛躍の年でありますように、との願いを込めての命名です。

春節の宴席では、丸ごと調理した魚を二匹出し、うち一匹はその場で食べ、もう一匹は飾っておいて、翌日以降に食べる習慣があります。もう一匹に手をつけないのは、裕福になりますように、いつも余裕がありますように、と祈る気持ちのあらわれです。

「魚」の発音「ユー」が、ものが有り余るほどの豊かさを意味する「余」と同じなので、「魚」を「余」にかけているのです。魚の頭は、かならずその家の主人の方に向けられます。通常、宴席では、まず主人が料理に箸を付け、それから皆が食べ始めます。

こういった言葉遊び、あるいは見立ての発想で、地方ごとに伝統的な春節料理が培われてきました。

中国料理では春節に限らず、コース料理の前菜を、「九種盛り合わせ」にしますが、仮に十種だと目一杯で、あとは減っていくだけになる。「九」は、目一杯を永遠にめざすので、縁起がいいとされています。

なかでも故宮の九龍壁が有名ですが、中国を旅すると、珠で遊ぶ龍を描いた壁画を目にされることがあると思いますが、そこに描かれている龍は九匹であって、けして十匹ではありません。「九」という数へのこだわりに関して、極端なのは紫禁城で、一説には九九九九・五部屋あるとされています。はたして「〇・五」とはどんな部屋か気になりますが、迷信と言われればそれまでで、科学は通用しないようです。

春節は、一年のなかでも最大の行事、数日前から年飯《ニエンファン》が始まります。これは春節を前にした持ち回り食事会のようなもので、今日はここ、明日はあちらというように毎日、違う親戚を訪問して食事を共にするのです。

この年飯のなかでもいちばん重要なのが「団円飯《トアンユアンファン》」、春節の前日、日本の大晦日にあたる除《じょ》夕《せき》に行われます。

除夕では、都会に働きに出ている者もかならず実家に帰省して、家族や親戚が一堂に会して、盛大に食事をします。北は水餃子で、南は地方ごとに、豊かさや縁起のよさを表現する料理の数々が並びます。

現在では北もいろいろな料理が並びますが、水餃子だけは今も昔も変わりません。この日の水餃子は、「財を招き、宝を得る」（招財進宝《チャオツァイチンバァオ》）への願いを込めて、かつて中国で流通していた通貨「元宝」の形を模した「元宝餃子」です。この元宝餃子は、餡をくるんだあと、形をととのえるのに手間がかかることもあって、ふだん作ることはなく、除夕の日の特別版です。

除夕は、一年のうち、いちばんご馳走が並ぶ日で、幼い頃は待ちどおしい一日でした。「除」は、「旧を除いて新しいものを迎える」を意味し、爆竹を鳴らして旧を追いはらい、年飯のために女性たちは一週間、二週間前から総出で準備をします。

私が育った湖北では、海鮮、肉、野菜といったさまざまな食材を土鍋で煮る全家福《ぜんかふく》（写真160

ページ)を食べて、一家団欒をする習慣があります。全家福には「一家そろった家族写真」の意味があり、一家団欒が連想されることから、家族が集まる除夕や春節の定番料理として定着していったのでしょう。

除夕や春節に食べる全家福には、浅い塩漬けの豚肉、魚やエビのすり身団子、薄焼き卵で肉餡を包んだ蛋餃《ダンジャオ》やうずら卵、高級版ならアワビやナマコなどの具材が用意され、準備は春節の数日前から始まります。こういった手の込んだ全家福は、下準備に手がかかることもあり、除夕や春節の日だけのご馳走です。

「圧歳銭《ヤアスイチエン》」はお年玉のこと。一家団欒で除夕を過ごし、春節を迎えると年始回りがあり、客を迎えて接待をし、子どもたちは親戚の家々をまわってお年玉をもらい、それぞれの家でご馳走になります。昔は自分の家で作った菓子で接待しましたから、それこそ準備が大変でした。今の若い人たちはこういったものを家で作ることはせず、出来合いを買いますし、団円飯も、ホテルやレストランに出かけ、セットメニューを楽しむのがブームになっています。豊かになった半面、家族の味は失われてしまいますが、時代の流れでいたしかたないのでしょう。中国人は何より面子《めんつ》を大事にします。いくら貧しくても、毎日野菜ばかり食べていても、正月だけはべつつ、豪華にやろうというのが中国人なのです。

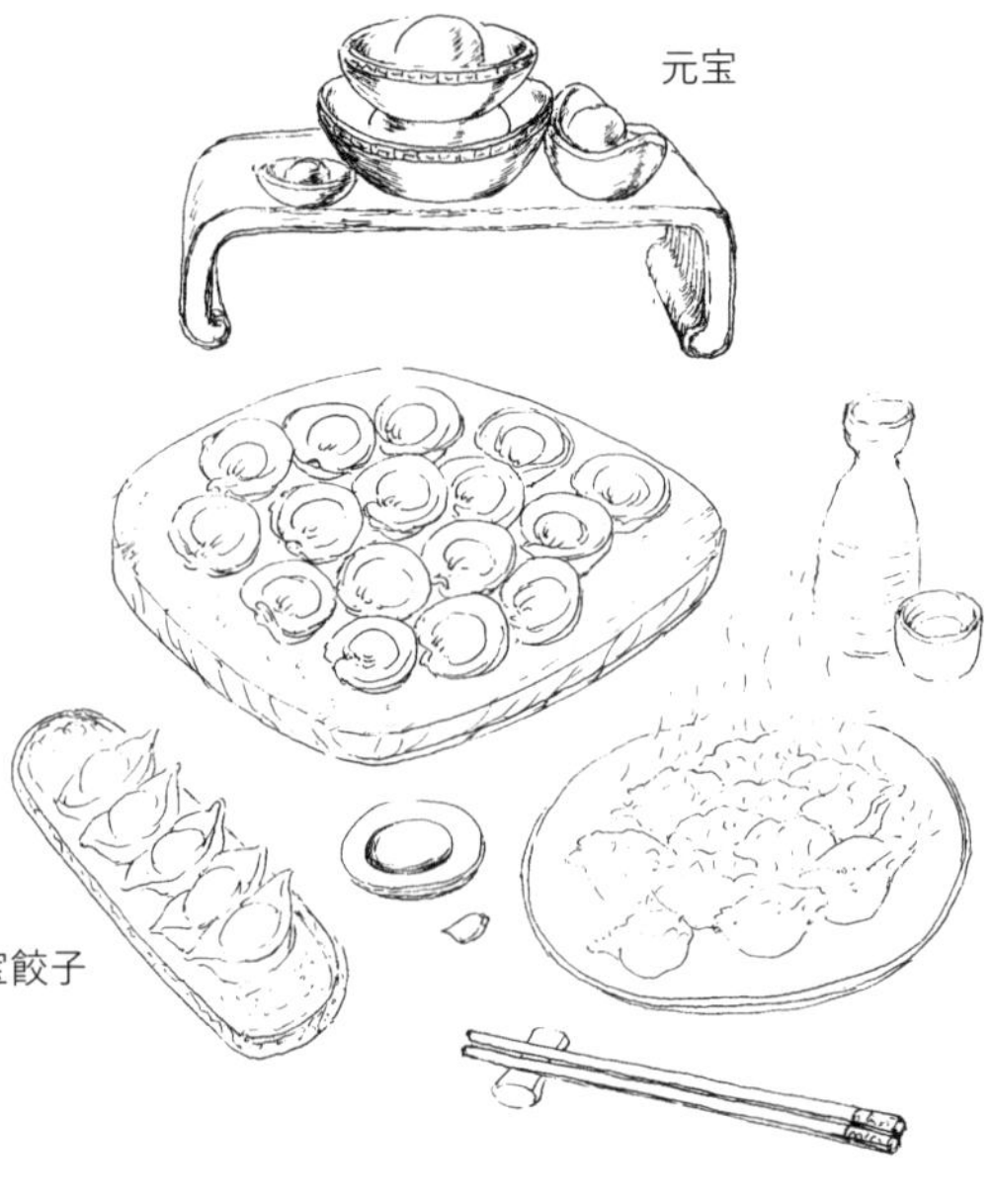

庶民たちが春節の折に交わすあいさつの言葉に「恭喜発財《ゴンシイファーツァイ》」があります。商売が繁盛しますように、金持ちになりますように、という意味で、特に広東や香港で盛んに使われます。淡水湖でとれる、海苔のような色の藻類の「髪菜」は、「発財」と同じ発音の縁起もので、香港では春節の卵スープの中にかならず入れていました。庶民の夢が食生活に反映されているのです。稀少な食材で、現在では採集・販売が禁止されているようです。

また春節には、紙製の赤い春聯《しゅんれん》を門の両側や入口の扉に張ります。これには縁起のいい言葉が書かれていて、いうなれば日本の門松に相当します。

日本の中国料理店で見かける飾りに「逆さの福」がありますが、これは「福が到着する」ことを表し、「逆さの福」（福倒）も「福が到着する」（福到）も「フゥーダオ」と発音が同じためなのです。

ドアを縁起がいい言葉で飾り、居間に皆が集まって円卓で食事をする、「円」もまた完全無欠の表現のひとつです。縁起をかつぐ、あ

るいは風水を信じるとか、暮らしにおける祈りは、農耕文化が育まれるなかで、自然には勝てない、その恐怖心から生まれてきたように思います。時に、神に祈りを捧げて、雨ごいをします。遊牧民にはそういう習慣がありません。

春節の最後を飾るのが、春節の初日から数えて十五日目の満月の日の元宵節《げんしょうせつ》です。元宵節には湯円《タンユアン》（餅団子／写真161ページ）を食べ、正月の終わりとします。

湯円は、もち米の粉の生地で、ゴマ餡やピーナッツ餡、あるいはキンモクセイを混ぜた餡を、ところによっては野菜や肉などを包んだ団子で、概して北は甘い餡を、南は野菜や肉を包んだものが多いように思います。熱湯で茹でる際、湯の中で団子が踊る姿を満月に見立て、また、家庭の団欒円満を意味する「団円」と音が似ていることから「湯円」という漢字が使用されたとされます。これを食べると正月が終わり、ここでもまた、「丸く収まる」縁起をかつぐのです。

春の食材と料理

体感的には冬でも、暦のうえで春の訪れを告げる立春は、中国人にとって特別な意味があります。心理的には、この日をもって冬は終わり、新しい年への期待や希望が生まれるのです。かつて、この日には、北の地方では春餅《チユンビン》（写真162ページ）を、南の地方では春巻（写真163ページ）を作って、来るべき年への希望を託しました。

南では、立春に春巻を食べる習慣はなくなってしまいましたが、北京を中心とする北の地域では、いまもこの日には春餅を用意して、家族で食卓を囲みます。

春餅は、小麦粉の生地を薄く円形にのばし、軽く焼いた皮に、ホウレン草やニラと卵を炒めたもの、モヤシ、焼き豚の細切りなどの具材をはさむ料理で、昔はそれぞれの家庭で皮を手作りしていましたが、現在は北京ダックにも使われる薄餅がスーパーで売られていて、それで代用することが多くなりました。

春餅の歴史は古く、清の時代に藩岳が著した『関中記』には、唐の時代、立春の頃に春菊や黄ニラをはさんだ春餅のようなものを食べる習慣があったと記されています。春餅と呼ばれるようになったのは宋の時代から、さらに時代が下って、明の時代になると、立春の頃、皇帝が故宮の午門(南門)で、高級官僚たちに春餅を下賜する儀式があったと言われています。

清の時代にもこの習慣は引きつがれ、宮廷では、立春の前日にはさまざまな具材をはさんだ春餅を食べ、皇帝が春餅を大臣たちに下賜した、と伝えられています。そして、立春に春餅を食べるという習慣は、しだいに宮廷から民間にも広まっていったのです。

春餅が、いまなお北京の春を告げる料理であるのに対して、南の春巻は一年を通して食べられるように変わりましたが、もとはといえば立春を祝う料理ですから、春巻の両端を頭と尾に見立て、俗に「有頭有尾」と言って、始めから終わりまで一貫している、途中で投げ出さないで最後までやり遂げるという縁起かつぎの意味が込められています。日本語の「有終の美」に近いでしょうか。

広大な中国では、本格的な春の訪れは地域によってかなりの開きがありますが、冬の長い北京でも四月ともなると、ようやく春の気配が感じられるようになります。

　北京に本格的な春の訪れを告げる代表的な食材は、香椿《シャンチュン》と言っていいでしょう。寿命が長いことで知られるセンダン科の落葉樹で、穀雨の頃の若芽がやわらかく、香りも味もよく、この季節にしか手に入りません。地元の方言では、香椿を食べるのを、「吃春《チーチュン》」すなわち、春を食べると表現する、それくらい北京っ子に愛されている食材なのです。卵と炒め合わせる、豆腐と和えるなどの食べ方のほか、湯通ししてから、小麦粉の衣をつけて油で揚げただけの香椿《シャンチュン》魚児《ユール》も北京っ子の大好物です。なお、日本のいわゆる椿は、中国では「山茶花」と表記され、香椿とは縁がありません。

　暖かくなるにつれ、市場は新鮮な食材で賑わいを見せてきますが、なかでも目をひくのが春タケノコです。春タケノコは、冬の小ぶりなタケノコに比べるとえぐみがあるので茹でてからあく抜きをして、炒め物や煮物など、さまざまな料理に使われます。家庭では、春タケノコと塩漬け肉や高菜の漬物と炒めた料理や、この季節最後の冬タケノコと炒め合わせて食感の違いを楽しむ料理が食卓に上ります。

　春に大量にとれたタケノコは、茹でてから乾燥させ、干しタケノコとして保存され、季節を

問わず一年中、いろいろな料理に使われることになります。

いまでこそ、茹でタケノコのパック詰めが一年中出まわり、生に近い状態のものがいつでも入手できますが、かつてはこういった保存技術はなく、余ったタケノコを保存するには乾燥させるほか術はありませんでした。乾燥させると、味や食感が変わり、生とはまた違った味わいになり、新しい食材に生まれ変わる、と言ってもいいでしょう。

この干しタケノコをわらや薪で燻《いぶ》したものが燻製タケノコで、わらや薪の香りがタケノコに移り、独特の風味が生まれます。以前、四川で燻製タケノコと燻製肉を炒め合わせた烟《イエン》筍《スエン》腊肉《ラーロウ》を食べたことがありますが、濃厚な味わいに燻製の香りも加わり、まさに忘れられない味、絶品でした。

残念ながら、この燻製タケノコは、作るのに手数がかかることもあって、生産量は年々減少傾向にありますが、雲南省の山間部に暮らす少数民族の人たちにとっては、さほど大変な作業ではありません。

少数民族の伝統的な造りの家屋は、室内に炉が切ってあり、そこで煮炊きをし、寒くなると薪を焚いて暖をとります。そのため、干しタケノコを天井から吊るしておくだけで、炉からの煙に燻されて、自然に燻製タケノコができあがる、というわけです。肉も魚も同じようにして燻製品が作られています。かつて日本の東北地方でも同じようにして、漬物や魚の燻製品を作っていたそうですが、ここにも農耕民族の近さを感じてしまいます。

菜の花もまた、季節感の際立つ食材ですが、雲南では二月も半ばを過ぎると、いたるところで満開の菜の花畑を目にするようになります。なかでも有名なのが羅平《らへい》の菜の花畑です（写真7

ページ）。広大な畑一面が黄色い絨毯でおおわれたかのような光景はまさに圧巻で、雲南の観光名所にもなっていますが、この満開の菜の花は、油用の菜種の採取を目的とするものであって、食材としての菜の花は、日本と同じように、つぼみの状態で収穫されます。

そのまま炒めたり、燻製肉と炒め合わせたりするのが一般的ですが、茹でて刻んだ菜の花を、水気を切ってからくずして、軽く塩味をつけただけの豆腐ではさんだ豆腐《ドウフ》鑲《シアン》菜花《ツァイファ》（菜の花の豆腐挟み／写真7ページ）は、シンプルながらもこの季節ならではの雲南料理の一品です。

薬膳的な見地からすると、春に推奨される食材にダイコンがあります。ダイコンには、せきをおさえたり、解毒作用もあるので、特に気のバランスに注意が必要な春の季節に向いているのです。ダイコンが市場に出まわると、医者が仕事を失う、とまで言われました。

明の時代、本草学の集大成として医師の李時珍《りじちん》が『本草綱目』を一五九六年に刊行し、後世に大きな影響を与えました。同書では、春のダイコンは毎食でも食べるようにと、その効用を説いています。ただし、中国では、ダイコンを生で食べることはありません。他の食材と合わせて煮たり、炒めたり、あるいは細い千切りにして大根団子や大根餅にも使われます。

豚バラ肉、キクラゲ、卵をニラやホウレン草とともに炒め、醤油味で仕上げる木犀肉《ムーシーロウ》（豚肉とキクラゲの卵炒め）は、春の代表的な家庭料理のひとつですが、薬膳的に春に推奨される食材が使われていて、栄養バランスがよいうえに味も食感もいいので定着していったのでしょう。このように伝統的な発想である「不時不食」は、今日にいたるまで庶民の食生活の中に受けつがれているのです。

清明節の頃

春分の日から数えて十五日目が近づくと、空気はさわやかに、大地は明るく清らかになるとされています。そこで十五日目は「清明節」と言われ、国の祝日でもあり、この日には家族そろって先祖の墓参りをし、墓の掃除をする習慣があり、「掃墓節」とも呼ばれています。

中国の主な節句や伝統行事は、旧暦の一月から順に春節・元宵節・清明節・端午節・中秋節・重陽節・除夕となります。中国人にとってもっとも大切な節句は、春節・清明節・端午節・中秋節の四つで、「四大伝統行事」とされています。

清明節の前後には、茶摘みがあり、特に清明節以前に摘んだ新芽の緑茶は、「明前茶」の名称で、高級緑茶として珍重されています。日本の緑茶は蒸してから揉んで乾燥させて作りますが、中国の緑茶は生葉をそのまま釜で煎って作られます。日本の緑茶に比べ、渋みが少ないのが特徴です。

清明節の特有の食べ物として青団《チントァン》（中国風草団子／写真161ページ）があります。米やもち米の粉にヨモギなどの植物からとった青汁を混ぜた生地に甘い餡を包んで蒸した餅菓子で、清明節が近づくと、街の菓子屋の店先で青団を蒸しながら売っている光景が見られるようになります。

《華魂和装》では、この青団にヒントを得て、この時期だけ、甘い餡をスッポンの醤油煮に変えて、スープの具としてお出しします。スープは、もちろんスッポンの清湯（澄んだスープ）です。食材の意外な取り合わせと季節感を楽しんでいただく算段です。

食材の意外な取り合わせというと、春巻の中身についても一工夫してみました。クエやキンメダイ、ハタといった高級魚を細切りにして、下味をつけたコウタケと合わせてみたのです。高級魚と稀少キノコの組み合わせは、予想していた以上に食材同士の相性がよく、いまでは店の人気料理(写真163ページ)になっています。このように伝統料理に工夫を加えて新たな味を生みだすことも、私たちが意図するところ、やりがいのひとつです。

ところで、清明節の前日は「寒食節」として火を使わない日と定められていました。清明節に近いこともあって、清明節と混同されがちですが、本来この二つは別々の起源をもち、直接的な関係はありません。現在では寒食節は清明節に吸収されて、「寒食」の風習はあまり見られなくなりましたが、その起源については、次のような晋の文公《ぶんこう》と家臣の介子推《かいしすい》の物語が伝えられています。

春秋時代、晋の文公は、不遇の折、数少ない忠実な家臣たちと共に、諸国を放浪せざるを得ない状況にありました。介子推はもっとも忠実な家臣でした。文公が晋の君主の座についたとき、文公は功績のあった家臣たちに論功行賞を授けますが、介子推はそれを受けずに山にこもってしまいます。あるとき、文公は介子推を思いだし、報賞を与えようと迎えに行きますが、介子推の消息はつかめない。家臣の進言もあって、山が焼けたら介子推は山から下りてくるであろうと山に火を放ちますが、結局、介子推は山から下りることなく焼死してしまいます。介子推の死を悼んだ文公は、彼の命日に火を使うことを禁止したとか。

野山に若草が生え、空気はさわやかに、陽光も明るくなるこの季節には、かつて人々は野山に出かけ、ブランコや蹴鞠《けまり》を楽しんだものでした。この風習は、唐の時代に始まり、唐の文献にもピクニックを意味する「踏青」という言葉が見られます。現在は、ブランコや蹴鞠をしないまでも、弁当持参でピクニックに出かける人も多く、また子どもたちの楽しみでもある「春《チュン》游《ヨウ》」、つまり学校行事としての遠足が行われるのもこの時期です。

その際になくてはならないのが、ナズナ（中国名は地菜）といっしょに茹でた卵。ナズナは、自生しているのを摘んできます。

ナズナには昔から、解熱や止血、動脈硬化や高血圧の予防など、さまざまな効能が伝えられ、生薬として使われていますが、同時に民間の伝承では厄除けの草ともされてきました。このナズナの茹で卵は、この厄除けの発想から生まれたものと思われます。つまり野山で災難に会いませんように、との願いを込めているのです。日本でも遠出をするときなどにお守りを持参するそうですが、それと同じ発想なのでしょう。

春の意境菜

桃花肉《タオファロウ》（豚肉の黒酢炒め／写真165ページ）

意境菜には二つの方向性があります。すでにある料理を詩に当てはめる場合と、先に詩があって、その詩をイメージして料理を創作する場合の二様です。

前者の例として、《御膳房》のオリジナル料理に「桃花肉」という、豚肉とシイタケの炒め物があります。

もともとこれは雲南料理でしたが、レシピは失われてしまって、料理の名が文献に残るだけで、実際にどういう料理だったかは不明でした。この料理名を文献で見つけた折、頭に浮かんだのはピンク色の肉のイメージ、豚肉のピンク色と炒め鍋の鍋肌の黒色の対比が、「桃花肉」という名にふさわしいと思えたのです。そこでシェフにいくつか試してもらい、最終的にシイタケと炒め合わせた料理が完成し、メニューに加えました。

さいの目に切った黒豚肉とシイタケにトウガラシを加えて炒め、雲南特産の黒酢で味付けをし、雲南料理の特色である甘味、辛味、酸味をバランスよく取り込んだ料理に仕上げてあります。この料理は割包《グアパオ》（白い蒸しパン）と相性がいいので、店では割包を添えてお出しします。

「桃花」という言葉から、青年の美しい女性への憧れを詠った崔護《さいご》（生没年不明）の詩「題都城南荘」が連想され、この料理のオーダーを受けると、料理だけでなく、詩も併せて説明するようにしています。

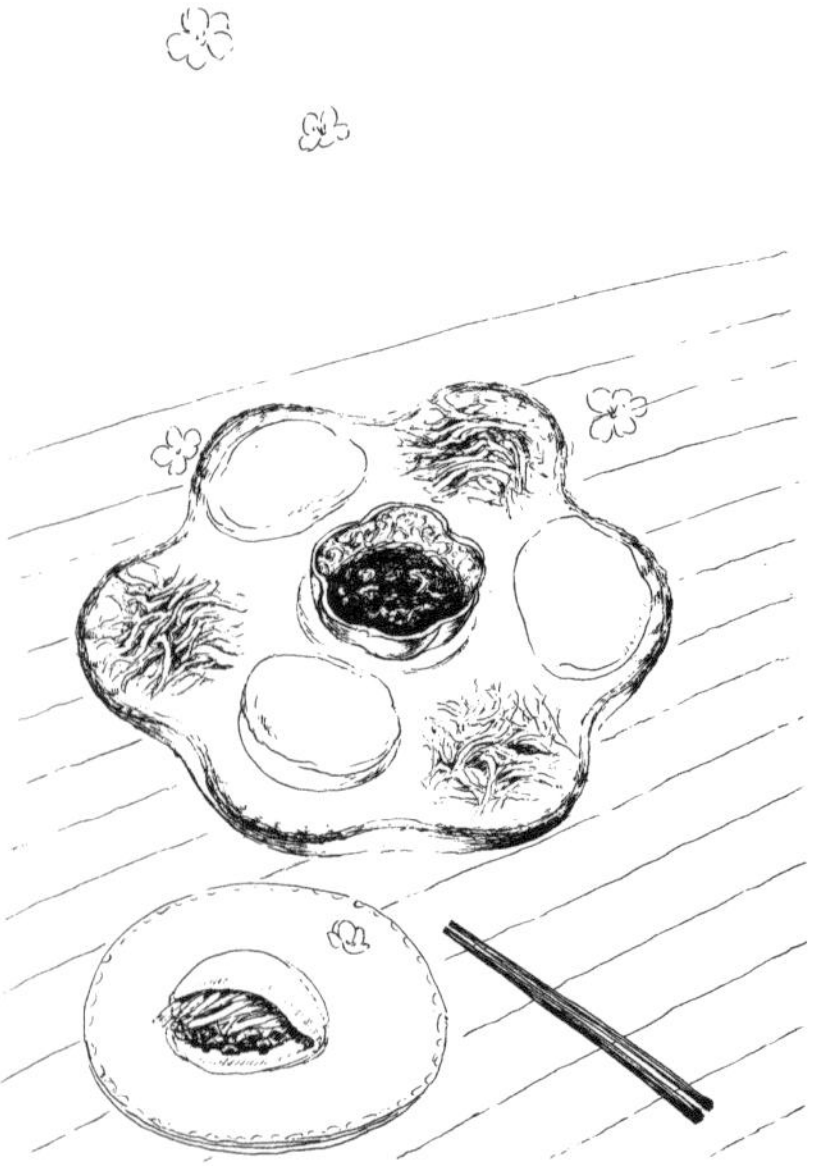

桃花肉

題都城南荘

去年今日此門中
人面桃花相映紅
人面不知何処去
桃花依旧笑春風

都城《とじょう》の南壮《なんそう》に題す　崔護

去年の今日 此の門の中《うち》
人面 桃花 相映じて紅なり
人面 知らず 何《いず》れの処にか去る
桃花 旧に依って 春風に笑《え》む

去年の今日、この門の中で、あの人の顔《かんばせ》と桃の花が、美しく引き立て合っていた。あの人は、今いったいどこへ。桃の花は去年のように春風に微笑んでいるのに。

この詩は、私の武漢大学時代の日本文学の教授がたびたび授業で引用され、いまでもふと口ずさむほど深く記憶に残っています。四字熟語「人面桃花」はこの詩に由来します。

雲緑蝦球《ユンルーシアチウ》（雲南緑茶と車エビの炒め／写真164ページ）

この雲緑蝦球は、雲南の茶葉料理にヒントを得た《御膳房》オリジナル料理です。油通ししたエビとキュウリをサッと炒め、少量の鶏スープと茶を加えて、さらに水溶きカタクリ粉でとろみをつけ、盛り付けてから茶葉を飾ります。バラの花びらを散らし、赤を際立たせました。

ポイントは「紅」と「緑」です。エビは火を通すと赤くなります。その赤が映えるように緑の茶葉を置く。春になると、揚子江の南の地域では、木々の緑に、花の紅色が映える風景が広がります。その色彩を料理に取り込んでみました。
近くの水辺には村、遠くには山並み、酒屋の旗がはためき、霧雨にかすむ寺の楼閣――こうした江南の春の情景を、詩人なら言葉を使って詩に詠み、画家なら絵にする。同様に、料理人は料理によって表現する、というわけです。

江南春

千里鶯啼緑映紅
水村山郭酒旗風
南朝四百八十寺
多少楼台煙雨中

江南《こうなん》の春　杜牧《とぼく》(八〇三～八五二)

千里　鶯《うぐいす》啼いて　緑　紅《くれない》に映ず
水村　山郭　酒旗の風
南朝　四百八十寺《しひゃくはっしんじ》
多少の楼台　煙雨の中《うち》

どこまでも続く平野。あちこちで鶯が鳴き、木々の緑に花の紅色が映える。近くの水辺には村が、遠くには山並みが連なり、酒屋の旗が風にはためいている。南朝以来のたくさんの寺院。数多くの寺の塔が霧雨の中にかすんで見える。

コラム

中国料理を一文字で

【調理法】

テクニックの多彩さでは、間違いなく世界の料理のなかでいちばんでしょう。日常的に使用されるオーソドックスな調理法だけを拾っても八つを数えます。

煎（ジエン） 煎り焼きする。

焼（シャオ） 焼く。

蒸（チョン） 蒸す。

烤（カオ） あぶる。

炸（ツァー） 油で揚げる。

炒（チャオ） 炒める。ちなみに「爆」（バオ）は、より強い炒め方。

拌（パァン） かきまぜる。和える。

溜（リォウ） カタクリ粉でとろみをつけたあんをかける。

【味】

味の基本は次の六つ。料理名にこの文字が組み込まれていることが多いので、料理名を見るだけで味もある程度想像がつきます。

麻（マー） 舌がしびれるようなサンショウの辛さ。

辣（ラー） トウガラシの辛さ。「麻」と「辣」は四川料理の特徴です。

苦（クゥー） 苦味。ゴーヤや田七人参の苦さ。

咸（シエン） しょっぱい。濃い目の味。どの地方の料理にもある味。

酸（スァン） すっぱい。

甜（ティエン） 甘い。

【切り方】

素材を相手に、大きな中華庖丁一本で何でもさばくのが料理人の腕。切り方、大きさについても一文字で表されます。

末（モー） みじん切り。

鬆（ソォン） 髪の毛ほどの細切り、ふわふわの状態。

丁（ディン） さいの目切り。

片（ピェン） 薄切り。

条（ティアォ） 千切りよりは太め。拍子木切りくらい。

糸（スー） 千切り。

塊（クアイ） 乱切り、ぶつ切り。

夏夢

夏の節気

立夏	草木が少しずつ緑を濃くし、苗代に稲の種をまく頃、夏の始まり。
小満《しょうまん》	稲の苗が育ち始める。麦は穫り入れの時期。麦に穂がつき安心するという意味。
芒種《ぼうしゅ》	稲や麦など穂先に芒《とげ》のある穀物を植え付ける時期。梅雨が始まる。
夏至	北半球では太陽がもっとも高く昇り、一年でもっとも昼の長い日。
小暑	陽ざしが強くなり、本格的な夏に入る。梅雨が明ける頃。
大暑	もっとも暑い時期。夏の盛り。

端午節と粽《ちまき》

旧暦では、夏は二十四節気の立夏に始まります。およそ旧暦では五月五日頃（太陽暦では六月中旬）にあたります。この五月五日を中国では端午節と呼びます。

漢方医学によると、夏に向かうこの時期は、自然界の活動が活発になり邪気がふえてくるとされています。そこで端午節には、人々は家の軒先にヨモギを吊るし、菖蒲《しょうぶ》湯に浸かって邪気をはらい、流行《はや》り病を防ぎます。健康に注意しなければならないとの意を込めて、端午節は「衛生節」とも呼ばれます。

この日に粽を食べるという習慣は二〇〇〇年以上も前に始まったとされ、今日まで受けつがれてきました。ちなみに、端午節の風習は奈良時代に日本に伝わったとされますが、後に「端午の節句」として、無病息災から男児の成長を寿ぐように姿を変え、やがて「こどもの日」になりました。

《御膳房》の姉妹店の《珞珈壱號》では、湖北地方でよく食べられている醤油味の肉粽《にくちまき》（写真168ページ）を通年提供していますが、旧暦の端午節が近づくと、毎年、大量の注文を受け、連日、不眠不休で調理に追われます。ほとんどの工程が手作業ですから、厨房は戦場のような喧騒に包まれます。

醤油やラードで味付けしたもち米に煮込んだ豚肉の角切りをのせて、笹の葉で三角錐の形に包みこんで、糸で縛ってから、二時間ほどかけて茹であげます。できあがった粽の笹の葉を開くと、やわらかく煮あがった、つややかで香ばしい醬油色のもち米があらわれ、中から八角の香りのきいた豚肉が顔を出します。

粽の具は、地方によって特色があり、肉、緑豆、塩卵、海産物、ナツメ、ハスの実など、バラエティーに富んでいます。中国料理は概して、「南は甘く、北は塩辛い」と言われていますが、粽に関してはそれとは逆で、北はナツメやハスの実などを具にしたものが多く、味は甘め、南は醬油味や塩味が主流です。甘い粽は冷やして食べてもおいしいものです。

端午節の粽に関しては、いろいろな話が伝えられていますが、屈原《くつげん》(紀元前三四三年頃〜二七七年頃)に関連する挿話がもっとも名高いでしょう。

屈原は政治家として楚の国(現在の湖北省と湖南省付近)の懐王に仕え、内政、外交で手腕をふるい、詩作の才にもめぐまれていました。当時の楚は、西の隣国・秦にどう対処するかで国論が二分されていました。秦に抗い、東の斉と同盟を結ぼうと説く屈原は、彼の政治力を恐れ、才能を妬む者たちの讒言《ざんげん》によって王から遠ざけられ、秦に接近した懐王は捕虜になって亡くなります。そのあとを継いだ王も屈原を疎んじ、江南へ放逐します。やがて秦の侵攻によって楚の都は陥落し、絶望した屈原は汨羅江《べきらこう》に身を投げてしまいます。その屈原の命日が五月五日とされます。

愛国の詩人・屈原の徳を慕う人々は、屈原を祀るため、米を竹筒に入れ、川にすむ龍に盗み食いされないよう、さらに栴檀《せんだん》の葉で包み、色糸で縛ってから川に投げこんだ、こうして粽が生まれた、という逸話が残っています。また、別の説では、身を投じて水神になった屈原を祀るために粽を投げ入れるようになったとも言われています。

この日に、湖南、湖北、浙江、福建、広東、江蘇などの水郷地帯で行われるドラゴンボートによるレース（龍船競漕）も、屈原を救出しようと、人々がこぞって川に船を出した故事に端を発すると伝えられています。

夏の食材と料理

夏の料理について、中国と日本では考え方に大きな違いがあるように見受けます。日本では暑い時期には、見た目に涼し気で、冷たい料理が好まれますが、中国では漢方医学の教えに従って、体を冷やしすぎる食べ物はよくないとされるので、夏野菜とあわせて体を温める食材、殺菌効果を高め、体の陰陽のバランスを保つとされるニラ、ネギ、ショウガ、ニンニクなどの食材を摂るように推奨されます。こうしたバランス調整を「清補《チンブウ》」と呼びます。中国では、消耗した体を生き返らせるために、夏のさなかでも火鍋料理が好んで食べられます。火鍋は、火にかけて煮ながら食べる鍋料理の総称で、歴史は古く、各地にバラエティー豊かなご当地火鍋があり、一年中、食べられています。鍋を中央で仕切って「陰陽」に見立て、白湯と呼ばれる白濁のスープ、紅湯と呼ばれる赤くて辛い麻辣スープの二種類を味わう鴛鴦《おしどり》火鍋はその一例にすぎません。

ちなみに、夏に日本でよく食べられている冷やし中華は、いかにも日本人好みの料理ですが、中国にはありません。ただし、雲南では、冷やして食べる米線料理があります。昭通地方の昭《しょう》通涼麺《つうりょうめん》(写真6ページ)で、茹でた米線を水で洗って冷やし、その上にピータンと砕いたピーナッツ、トマトやキュウリなどの野菜をのせ、甘酸っぱいたれとラー油をかけて食べます。

暑い夏には、やはりあっさりした味つけの料理も好まれ、食材としては空芯菜、トウガン、ナス、キュウリ、トマトなどの新鮮な夏野菜の出番が多くなり、トウガンのスープやトウガンと干しエビの炒め物、トウガンと雲南ハムとの蒸し物などのトウガンを使った暑気払いの料理が、夏の食卓によく上るようになります。

食材を考えるとき、その多彩さ、豊かさから外してならないのが揚子江の下流域・江南地方でしょう。その源流をチベット高原におく揚子江は、雲南省、四川省を抜け、湖北地方に進み、さらに江南地方に至り、東シナ海にそそぎます。

この揚子江のおかげで江南地方には河川が網の目のように張りめぐらされ、肥沃な土壌が広がり、さらには温暖な気候もあって、海の幸にも山の幸にもめぐまれ、食材の種類は豊富、量も有り余るほどです。暖かいので余った食材は傷みやすい。そのため、余った食材の保存法として塩漬けにした豚肉を自然乾燥させた腊肉《ラーロウ》や魚の干物の咸魚《シエンユー》、干しタケノコなどの保存食の文化が発達しました。腊肉も咸魚も、かつてはそれぞれ家庭で作られていましたが、いまではその習慣も失われてしまい、もっぱらスーパーで出来合いを買うようになってしまいました。《御膳房》では昔ながらの方法で腊肉を仕込んでいますが、自家製は、出来合いに比べて、味に深味があり、自家製を使うことで料理は格段においしくなります。

江南地方では夏のスタミナ食としてウナギもよく食べられていますが、泥臭さがあるので、必然的に醤油で煮込むことになります。醤油で煮込んだウナギは、ご飯や麺の上にのせたり、炒飯に使ったり、用途はさまざまです。この地方の有名なウナギ料理に盤龍鱔《バンロンシアン》(ウナギの龍仕立て)があります。ウナギを龍に見立て、醤油煮したウナギ一匹を丸ごと使って、ダイナミックに龍が天に昇る様を表現した豪快な料理です。

また、江南地方の、新鮮な魚を一尾丸ごと蒸して、たれをかけて食べる清蒸全魚《チンチョンチュアンユー》（鮮魚姿蒸し）も、あっさりした味わいで、夏に好まれます。ただし、この料理に使われる魚は鮮度が肝心、新鮮な魚があってこその料理です。

中国の夏を代表する果物といえば、なんといっても江南地方を主産地とするスイカでしょう。中国人のスイカ好きは世界でも群を抜き、国際統計によると世界の総生産量のおよそ七〇パーセントが中国で消費されているそうですが、中国の人口と中国人の食べ方を考えると、まったくもって納得のいく数字です。

盤龍鱔

清蒸全魚

はじめて日本を訪れた中国人は、日本のスイカの値段に仰天し、つぎにはスーパーでカットして売られている様子に驚きます。中国では、スイカの季節ともなると、スイカは市場や路上で山積みにして売られます。その食べ方は、少々大げさな言い方をすれば、一人で一個を食べきるような感じなのです。

さらにスイカは果物として扱われるだけでなく、皮は料理を盛りつける容器「西瓜盅《シーグアジォン》」としても活用されます。

果肉を取りのぞいてから皮に繊細な彫刻をほどこし、中に濃厚なスープや煮込み料理を盛りつけた西瓜盅は、見た目の豪華さだけでなく、中の料理にさわやかなスイカの香りがほのかに移り、味覚だけでなく視覚、嗅覚をも楽しませてくれる逸品で、西太后も好んだと伝えられています。料理人の腕の見せどころと言えましょう。

雲南をも含めた揚子江流域の夏の特産品に、長さが五〇～六〇センチにも達するササゲインゲンがあります。このササゲインゲンは生でも使われますが、漬物にしたり、乾燥させたりして、保存もされます。ササゲインゲンを乾燥させると食感や風味が変わり、生とはまた違った味が楽しめます。

西瓜盅

この乾燥ササゲインゲンを水でもどして、豚肉や地鶏と煮込んだ料理は母が得意としていて、家にいた頃は母が作ってくれるのが楽しみでした。ササゲインゲンを市場で見かけると、夏の到来を感じると同時に、母が作ってくれた料理を懐かしく思いだします。

レンコン賛歌

滋養強壮にすぐれ、薬膳料理によく使われるレンコンも忘れてはならない食材です。レンコンは、インドを原産とするハスの地下茎で、収穫時期は長く、おおよそ夏から翌年の春先にかけて行われます。中国料理では、ハスは地下茎にかぎらず、花、葉、実と余すところなく使われます。

中国におけるハスの主要産地は「千の湖の省」との異名を持つほど湖沼の多い湖北省、収穫時期は日本より早く、五月頃から始まります。早い時期に収穫されるレンコンには、節の間から藕帯《オウダイ》と呼ばれる脇芽が伸びています。中国ではこの藕帯は食材として珍重され、五月から六月頃に掘りおこしたレンコンからしか収穫できません。おのずと収穫量も収穫時期も限られます。残念ながら、日本では藕帯を食べる習慣がなく、日本の市場で藕帯を目にすることはまずありません。見た目はホワイトアスパラガスに似ていますが、食感はまったく異なります。くせがなく、どんな料理にも使える食材です。

《珞珈壱號》では、食材が手に入ったときにだけ藕帯の料理を提供していますが、実際のところ、産地でも市場に出る期間がきわめて短いうえに、傷みやすく、変色もしやすい。最近は水煮を入手できるようになりましたが、生の状態で日本に持ってくるには、輸入手続きをはじめとして、細心の注意が必要です。日本でいい状態の藕帯が食べられるのは、この時期の《珞珈壱號》だけと自負していますが、かならず食べられると確約できるわけではありません。それほど稀少性が高い食材なのです。

ところで、レンコンは日本でも非常にポピュラーな食材ですが、その使われ方には限りがあり、レパートリーがきわめて貧弱であるような印象を受けています。中国料理では、他の食材と炒め合わせたり、スープに入れたり、春巻の具に使ったり、あるいは形そのものを生かして、もち米を詰めたレンコンを、キンモクセイを加えた甘い汁で煮込んだ桂花蓮藕《グイファリエンオウ》（レンコンのもち米詰めキンモクセイ風味／写真169ページ）など、もっと幅広く、自由な使われ方がされています。《珞珈壱號》では、中国料理の伝統をふまえながらも、自由な発想でレンコンをふんだんに使った、まさにレンコン尽くしの「蓮根会席」をコース料理として一年を通して提供しています。

夏のある日のメニューをご紹介しますと……

「蓮根会席」

前菜　藕帯の甘酢漬け（酸甜藕帯／写真169ページ）

松茸入り蓮根とフカヒレのスープ（松茸蓮藕排翅湯）

蓮根のエビ挟み揚げ炒め（松仁蝦藕挟）
和牛と蓮根の湯葉巻き（和牛脆藕腐皮巻）、
蓮根のすり身団子南瓜仕立て（南瓜蝦藕丸）
蓮根の炒め飛び子添え（魚子炒藕）
蓮根の春巻（藕糸春巻）
蓮根入りトリュフ風味熱干麺（黒松露藕丁熱干麺）
蓮根のプディング抹茶風味（蓮藕布丁）

「藕帯の甘酢漬け」　藕帯の甘酢漬け。シャキッとした食感です。

「松茸入り蓮根とフカヒレのスープ」　フカヒレスープにすりおろしたレンコンとマツタケの薄切りを加えてあります。雲南省のマツタケのシーズンは七月末から始まります。あえて初到来のマツタケを使ってみました。

「蓮根のエビ挟み揚げ炒め」　レンコンの薄切りにエビのすり身をはさんで揚げてから、松の実、トウガラシ、パン粉と炒めてあります。

「和牛と蓮根の湯葉巻き」　牛肉とレンコンを湯葉で巻いて醤油味で煮た《珞珈壱號》のオリジナル料理です。

「蓮根のすり身団子南瓜仕立て」　カボチャのポタージュにレンコンのすり身団子を浮かせています。カボチャのポタージュは、湖北地方の家庭でよく作られるスープです。

「蓮根の炒め飛び子添え」　レンコンを炒めて塩で味を付け、仕上げに飛び子をふりかけます。

「蓮根の春巻」　春巻の中身は、炒め合わせたレンコン、エリンギ、ピーマンです。

「蓮根入りトリュフ風味熱干麺」　熱干麺に揚げた薄切りのレンコンをのせ、すりおろしたトリュフをふりかけます。

「蓮根のプディング抹茶風味」　レンコンパウダーに抹茶を混ぜて作ったプディング。

ハスの実は、漢方では温熱性の食材として推奨され、記憶力の増強、精神安定、睡眠安定、疲労回復といった効能が知られています。月餅の餡に混ぜたり、おこわや粥に入れるのが一般的ですが、特にハスの実の入った粥は、消化もよく、免疫力アップに効果的です。また、ハスの実と白キクラゲに氷砂糖を加え、とろみがつくまで長時間煮込むと、口当たりと喉ごしのいい、薬膳としても逸品のデザート・銀耳蓮《インウァリエン》子《ズ》羹《ガン》（白キクラゲとハスの実のとろみスープ）ができあがります。

ハスの葉の香りを楽しむ料理に、砕いた煎り米をまぶしたスペアリブをハスの葉で包んで、蒸籠で蒸しあげる粉蒸肉《フェンチョンロウ》（豚バラ肉の煎り米蒸し）があります。武漢や揚子江流域の名物ですが、特に骨に近い部分が、滋味があって、おいしいです。

夏の意境菜

雲南豆腐《うんなんどうふ》（雲南風豆腐の炒め煮／写真166ページ）

この雲南豆腐は、見た目は四川地方の麻婆豆腐に似ていますが、麻婆豆腐ほど強烈な辛さはありません。くずした豆腐を鶏のスープでさっと煮て、豆板醤とラー油で色と味をととのえてあります。仕上げは、あくまでもふんわりと口当たりよく、です。

見た目も鮮やかなこの料理からは、さんさんと降りそそぐ陽光の下、木々は青々と茂り、赤い花が咲き乱れている、と夏の情景を詠んだ韋応物《いおうぶつ》（七三七？〜七九一？）の詩「夏花明」が連想されます。

中央に添えたパクチーが夏の緑を象徴し、豆腐の白に対する豆板醤、ラー油、パプリカの赤は、きらめく夏の陽光を思わせてくれます。

夏花明

夏条緑己密
朱蕚綴明鮮
炎炎日正午

夏花 明らかなり　　韋応物

夏条 緑 已《すで》に密
朱蕚《しゅがく》 綴《つらな》って明鮮
炎炎 日 正に午《ご》なり

灼灼火倶燃

灼灼《しゃくしゃく》火倶《とも》に燃ゆ

夏の木々の枝は緑こく生い茂り、赤い花は点々と連なり、色鮮やかだ。さんさんと照りつける太陽は、まさに南中し、花も赤々と火のように咲きほこっている。

じつは、この料理は、雲南の家庭でよく食べられている鶏刨豆腐《チィパオドウフウ》（鶏のひっかき豆腐）という変わった名前の豆腐料理を進化させたものなのです。もとの名前は、豆腐を鍋の中でくずしながら炒める様子が、鶏が地面をせわしなくひっかくのに似ている、というところからきています。店のシェフたちが、まかないにこの豆腐料理を作っているのを見て、食べさせてもらったところじつにおいしい。まかないだけにとどめておくにはあまりに惜しいので、色どりに工夫を加えて、新たに「雲南豆腐」と命名して店のメニューに加えた、といういきさつがあります。いまでは、店の看板料理のひとつで、コース料理を注文されるお客様のなかには、コースにあるフカヒレの煮物を雲南豆腐に変える方もいるほどです。

雲南《ユンナン》沾《チャン》水《シユエイ》蝦《シア》（車エビの雲南カクテル仕立て／写真167ページ）

雲南省のハニ族はよくトウガラシを料理に使います。砕いた乾燥トウガラシに塩をふりかけ、上から湯をそそいで即席のたれを作り、これにご飯や焼いた肉、野菜などをつけて、手で食べます。食材に味が付いていないので、このたれで味を付けるというわけです。

このたれにヒントを得て考えだしたのが、車エビの雲南カクテル仕立てです。まず塩少々を加えた湯をカクテルグラスに入れ、その上から自家製のラー油をそそぎます。比重の差がありますから、湯とラー油の層に分かれます。茹でた車エビと野菜を彩りよく串にさし、グラスの中に入れて仕上げます。串を引き上げるときに、塩味とトウガラシの辛味とゴマの香りがエビと野菜にまとわり、視覚と嗅覚を刺激します。なんともエキゾチックな料理に仕上がりました。

この料理には、グラスの中を鏡湖に見立て、湖でハスの花を摘む美しい娘を、中国四大美人のひとり、西施《せいし》にたとえて詠った李白の「子夜呉歌　夏歌」を合わせてみました。「子夜呉歌」は「東晋の時代、子夜という女性によって歌われた歌」を意味します。

味わいもさることながら、見た目の華やかさ、美しさを強調したつもりです。

子夜呉歌　夏歌

鏡湖三百里
菡萏発荷花
五月西施採
人看隘若耶
回舟不待月
帰去越王家

子夜呉歌《しやごか》　夏歌　　李白

鏡湖　三百里
菡萏《かんたん》　荷花《かか》を発《ひら》く
五月　西施　採り
人　看《み》て　若耶《じゃくや》を隘《せま》くす
舟を回《めぐ》らして月を待たず
帰り去る　越王の家

ひろびろとした鏡湖では、ハスのつぼみがつぎつぎと開き、花を咲かせている。五月、西施に似た美しい娘がハスの花を摘んでいる。娘をひとめ見ようと、鏡湖に流れ込む若耶川の岸辺は人であふれた。やがて娘は船の向きを変え、月の出を待つこともなく我が家へ帰って行った。

コラム

箸（筷子《クアイズ》）

箸は中国人の偉大な発明と言っていいでしょう。それまでは匙が主役でした。唐の時代の文献にはすでに「箸」の字が見えます。多くは竹製で、竹はたくさん採れますし、加工もしやすい。それ以前の墓からも副葬品として、数多くの箸が出土しています。

私の勝手な推測にすぎませんが、これも大陸の火の文明に関わりがあると思います。雲南省の少数民族や中近東、アフリカやインドなどの一部では、いまでも手で食べる習慣が見られます。すべての民族が、最初は手を使っていたのでしょう。火を使って調理するようになると、熱いうちは手にとれません。やがて木の小枝などを使うようになり、その枝の加工が洗練されていったのではないかと考えています。火を使うことで文明は進化します。

中国の宮廷では銀製の箸が使われていました。銀は、毒に触れると変色すると言われ、毒殺を防ぐための工夫です。毒殺に対する防御はそれだけではなく、試食、すなわち毒見をする専門の官僚もいて、毒殺を防ぐ工夫が何重にも張りめぐらされていました。この銀製の箸を使うということには身分の証、という意味合いがあったのかもしれません。

中国の箸は、先が太く、大きめで重い。日本の箸はその逆で、先が細い。日本料理は、その繊細さに加えて食材が小さく切られているので、細いほうが使いやすいのでしょう。

余談になりますが、日本の慣用句「箸より重いものを持ったことがない」を、中国では「鶏をつかむ力もない」と言います。軽い鶏でさえつかめない、それぐらい力がない人という意味です。

コラム

牛はよき友

中国は元来、農耕民族の国です。農耕民族は農耕のかたわら、食用の動物を飼育しますが、食用として飼育されるのは主として豚と鶏。牛は貴重な労働力で、食べるという発想はありませんでした。それだけに牛は大事に扱われますが、老いて、労働力としての価値がなくなると食用にされます。もともと食用として飼育されていたわけではないので、肉質はすじばって固く、そのままではとても食べられません。そこで、四川地方の山地では、こうした牛の肉をビーフジャーキー風に加工して食べています。食用としてのやわらかい牛肉が求められるようになったのは、近代になってからの現象です。

それでも牛が人間のよき仕事仲間であることに変わりはありません。「真牛《ジェンニオウ》」（すばらしい）や「老黄牛《ラオファンニオウ》」（死ぬまで勤勉に働く人）など、「牛」のついた言葉は概していい意味に使われています。こういう言葉からも、農耕民族と牛との長年にわたる関係が読みとれます。

ところでイスラム教徒は戒律で豚を食べませんが、過去に火が十分入らない状態で食べた結果、疫病により大きなダメージを受けたのではないか。羊は草食なのに対して、豚は雑食で、火をよく通す必要がありますから。子孫を残すための知恵が宗教に盛り込まれた、というのは飛躍が過ぎるでしょうか。

秋韻

秋の節気

立秋　残暑の折、秋の訪れを感じます。

処暑《しょしょ》　暑さもおさまって秋風が吹き、農作物は収穫期を迎えます。

白露《はくろ》　朝夕の気温差が大きくなり、朝露が草や野の花に白く光ります。

秋分　秋の彼岸の中日です。ここから、秋の夜長が始まります。

寒露　野の草花に露が宿ります。

霜降《そうこう》　秋も末、稲刈りが終わり、霜が降り始めます。

中秋節と月餅

（写真171ページ）

かつて中国において、ほとんどの家が平屋建てで庭があった時代、旧暦の八月十五日の中秋節には家族そろって、庭で月見をしながらご馳走を食べる習慣がありましたが、高層マンションをはじめ、集合住宅に住むようになると、そうした風雅は失われてしまいました。それでも、中秋節に月餅を食べる習慣は、いまなお健在です。

中秋節の頃ともなると、購入される月餅は膨大な数にのぼり、月餅屋は多忙をきわめ、一年間の収入を、ほぼこの時期に稼ぎだすのです。いまでこそ、ほかの季節にも月餅が売られるようになりましたが、以前は売るのも、食べるのも中秋節のこの時期だけでした。

月餅は、皮の作り方によって、広東風と上海風に分けられますが、どちらかというと広東風の方が餡の種類が多く、よりポピュラーと言っていいでしょう。広東風の皮は粉にラードを練りこんで作りますが、上海風はラードを練りこんだ生地をパイのように層にして仕上げます。

中身は、甘いゴマ餡やナッツ類からアヒルの卵の黄身の塩漬けやひき肉を入れたものまで、それこそ千差万別です。

月餅に対する好みには地方差があり、武漢ではハスの実や松の実、ナツメなど木の実に氷砂糖を加えた甘い餡のものが主流ですが、一方、北京では近年、アヒルの卵の黄身の塩漬けを丸ごと入れた月餅が好まれています。

花の産地、雲南には、乾燥させたバラの花びらと氷砂糖を混ぜたものを詰めた月餅があり、割るとほのかにバラの花の香りがします。卵やひき肉などの蛋白質系を餡にした月餅は、いわばミートパイのようなもの、日持ちしないので消費期限に留意する必要があります。

私が子どもの頃は、それぞれの家庭で好みの月餅を作り、子どもたちは中秋節を楽しみにしていたものでしたが、いまでは自家製は姿を消し、そのかわりに、大量の月餅を買い求めて、知り合いや親戚のあいだで、互いに贈り合うようになりました。結果として、どこの家にも大量の月餅が集まる仕儀になります。どこか日本のお中元やお歳暮に似たところがありますが、中国で贈り物をし合うのは中秋節だけで、品物も月餅に限られています。月餅はそれほど高価ではないので、贈る方も、もらう方も心置きなくできるというわけです。

ところが、最近では、包装にこった豪華版が出現し、問題になっています。また、流通網の

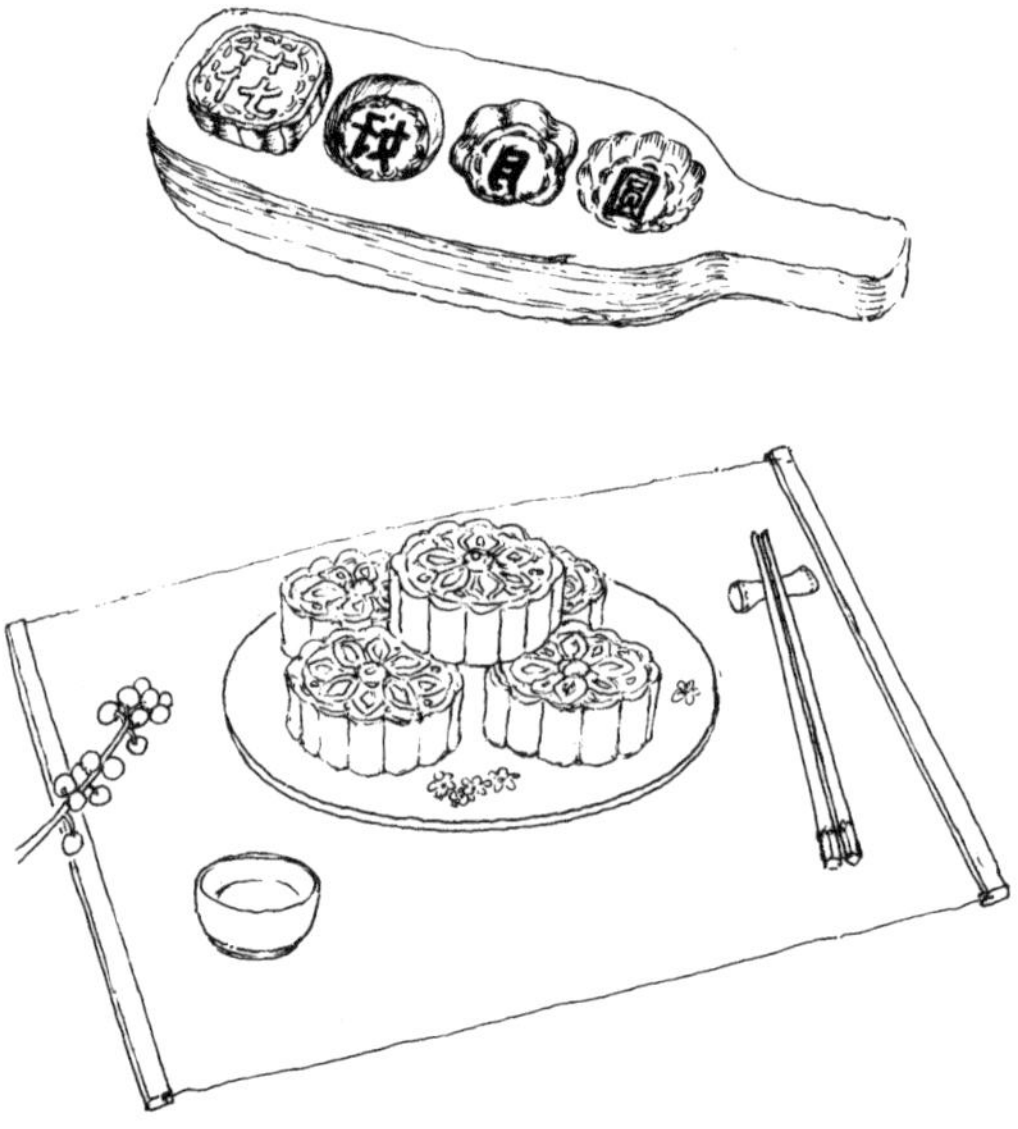

月餅と月餅型

発達により、遠方で作られた月餅も取り寄せができるようになり、ひとところにいて、さまざまな味の月餅が楽しめるようになってきました。

忘れてならないのは月餅の形です。大きさは大小さまざまですが、月に見立てて形はすべて円形、それ以外はありえません。中国人にとって「円」は完全無欠、一家団欒に通ずるとして、尊ばれるからです。

その起源は古く、唐の高宗の時代、辺境の地で匈奴との戦いに勝利した兵士たちが凱旋してきた八月十五日に、高宗がそれを祝って、丸い「餅」を切り分けて家臣たちに与えたのが月餅の始まりであるとされていますが、それがどういうものであったかは記録がなく、定かでありません。

南宋時代には、同時代の風俗や年中行事を記した呉自牧の随筆『夢粱禄』に「月餅」という言葉が見られますが、これはあくまでも神への供え物であって、現在の月餅とはほど遠いものであったようです。

明の時代になると、さまざまな事象やエピソードを集めた『西湖遊覧誌余』に、「人々は中秋節には月を愛で、月餅を食べる」との記述があり、おそらくその頃には、月餅はすでに円形であって、一家団欒を象徴する食べ物とみなされるようになり、現在の中秋節の習慣が定着していたと思われますが、実際の月餅がどんなふうであったかは記されていません。

清代には、月餅の作り方を詳しく解説する本がいくつも出版されており、そのレシピから判断すると、この時代の月餅は、今日、私たちが食べているものとほぼ変わりはないように思えます。

秋の食材〈キノコ〉（写真170ページ）

雲南は、亜熱帯から寒帯まで、変化に富んだ気候とヒマラヤ山系に連なる山々との標高差のおかげで、驚くほど豊かな植生にめぐまれています。季節に応じて市場を彩る米や茶、野菜は言うにおよばず、ハムやチーズにいたるまで、多種多様な食材による魅力にあふれた料理が伝えられてきました。

たとえば、雲南省東部、宣威《せんい》市名産の「雲南ハム」は、中国三大ハムの一つと称されて、珍重されています（あとの二つは、浙江省の「金華ハム」と江蘇省の「如皐《じょこう》ハム」）。保存食が発達した江南にも塩漬け肉の伝統はありますが、熟成の度合や発酵期間では、三大ハムの足元にもおよびません。

特産の黒豚のもも肉を、骨を付けたまま塩をすりこみ、一年以上かけて乾燥・発酵・熟成させたのが雲南ハムで、濃厚な旨味があります。この雲南ハムは農耕民族が得意とする保存法、つまり発酵文化から生まれたものですが、スライスして清湯（澄んだスープ）に入れたり、炒め物に使ったり、だしをとるのに使ったりとさまざまな用途があります。このハムを加えることで、料理の旨味は倍増します。

味のいい上質のハムを作るうえで欠かせないのが、質のいい豚肉と気候。三大ハムの産地はいずれも寒暖差が大きく、上質の豚肉の産地です。イタリアやスペインの生ハムに作り方は似ていますが、大きな違いは、中国のハムは塩味が強く、生で食べることはなく、かならず火を通します。

雲南省中央部の大理《ダーリイ》に住むペー族のあいだでは、山羊や羊のチーズが日常的に食べられていますが、これは北方遊牧民族の影響によるのでしょう。多数の少数民族が暮らす雲南では、民族間の交流も盛んで、互いの食文化に影響を与え合ったことは容易に推察できます。

他民族の影響を受けて、意外に西欧風な料理もあります。たとえば、高級食材として知られるモリーユ茸（アミガサタケ）と牛すじを煮込んだものをカップに入れて、パイ生地でおおい、オーブンで焼く羊肚菌《ヤンドウチュン》牛筋罐《ニオウジングアン》（モリーユ茸のパイ包み／写真12ページ）があります。パイ生地をくずすと、モリーユ茸の香りが立ち上り、思わず鼻がうごめいてしまいます。西欧料理のポットパイ、あるいはロシア料理にあるキノコの壺焼きを思いおこさせます。

麗江一帯では、トウモロコシやサツマイモの栽培が盛んで、トウモロコシの実をつぶし、つなぎとして少量の小麦粉を加えた生地で作るパンケーキ・麗江粑粑《リージャンバーバー》（トウモロコシのパンケーキ／写真8ページ）はナシ族の代表的な料理です。トウモロコシのほのかな甘みがクセになる一品で、つい食べ過ぎてしまいます。このパンケーキは缶詰や冷凍品でも作れますが、味は、なんといっても新鮮な、とれたてのトウモロコシで作るのがいちばんです。

秋、果物、野菜、肉類、すべての食材が豊富で最高の味になる季節をむかえ、市場は活気を呈します。流通網のととのった現在、食材は一大生産地の雲南から中国各地に向けて出荷されていきます。

秋はまた、キノコの収穫の季節にあたります。前述したキノコの解説書『菌臨天下』によると、雲南には、食用になるキノコが一六〇〇種類も自生していることになりますが、こういった自生のキノコ、いわゆる野菌は標高一五〇〇メートルから三〇〇〇メートルの間でよく成育します。鍋料理や炒め物などいろいろな料理に使われるキノコですが、とれすぎたときには佃煮風に煮込んで保存したりもします。

コウタケ（香茸）や鶏樅菌《けいそうきん》といった稀少なキノコを見つけだすのは至難の業で、キノコ採りの名人でもなければ、簡単には見つけられません。

鶏樅菌は、傘の部分がわずかに地上に現れるだけで、傘のほとんどと軸の部分は完全に地中に埋まっています。掘りだしたばかりの鶏樅菌は泥だらけなので、よく洗って土を落としてからスープの具材に使われます。濃厚な旨味があって、スープの味わいを深めてくれます。現在では、高価ではありますが、乾燥させたものが比較的容易に入手できるようになりました。

マツタケは、雲南の最北部、チベット族が住むシャングリラ地方が主要産地で、多くが日本に輸出されています。近年は流通網がととのい、北京でも、朝採りの香りの高いマツタケをその日のうちに賞味できるようになりましたが、日本の市場に届くまでには収穫してから二日ほどかかるので、残念ながら、日本で消費者が手にする雲南産マツタケは、香りが薄れてしまっています。

かつて雲南では、マツタケはそれほど人気のあるキノコではありませんでしたが、日本人のマツタケ需要につれて、しだいに食べられるようになりました。中国人にとって、マツタケは香りが弱すぎるのでしょう。モリーユ茸やコウタケのような、もっと香りの強いキノコが珍重されています。

コウタケなどの希少キノコは野生種のみで、収穫期が非常に短く、新鮮なものが食べられる

アミガサタケ
コウタケ
キヌガサタケ
マツタケ

チャンスは限られます。新鮮なコウタケをピーマン、雲南ハムといっしょに炒めた逸品に、雲《ユン》腿虎掌菌《トエイフウジャンチュン》（雲南ハムとコウタケの炒め／写真13ページ）がありますが、コウタケ自体が非常に高価なので、料理の値段は推して知るべし、です。日本でも、コウタケは野生種しかなく、収穫期も短いことから幻のキノコといってよく、日本の市場で生のものを見かけることはほとんどありません。またコウタケは、その大きな傘の裏側に獣毛が密生しているように見えることから、中国では「虎掌菌」とユニークな名前で呼ばれています。

そのほか、モリーユ茸は形状が羊の胃のように見えるから「羊肚菌」、ポルチーニは食感が牛レバーに似ているから「牛肝菌」と、いずれ劣らぬ個性的な命名です。このポルチーニはイタリア料理によく使われるキノコですが、近年、雲南産のものがイタリアに多く輸出されています。

高級品として名高いキヌガサタケ（衣笠茸）は、美しいレース状の傘と独特の匂いに特色があるキノコで、主として竹林に発生し、中国では竹笙《チォーシャン》と呼ばれ、「キノコの女王」とされています。早朝に笠の部分が開いて、閉じると腐ってしまいます。匂いが強烈なので、生えているとすぐわかります。美味いのはレース状の傘の部分ではなく、軸の部分です。軸にアワビを詰めて蒸した竹笙鮑魚《チォーシャンバオユー》（キヌガサタケのアワビ詰め／写真13ページ）は、まさに高級食材のコラボ、旨味、食感、ともに申し分ありませんが、店では輸入した乾燥品を使いますが、歯ごたえをしっかり残してもどす、丁寧な下処理にもまた一流の調理人の技がさえます。

このキヌガサタケについては、二〇一八年に日本企業が人工栽培にはじめて成功した、というニュースが報道されていました。日本国内産が調達できるか、と期待しましたが、いまのところ出まわっている様子はありません。ほかのキノコについても言えることですが、生産者としては、常に一定の販売量が見込めなければ、栽培しようとはしません。料理長は、豊洲の市場へ毎日出かけますが、私自身も仕入れに行きます。生産者の話も聞けますし、リクエストもでき、顔が見える消費につながります。安定した食材の調達は悩ましくもあり、励みにもなります。

キノコの一大集散地である昆明の五華区には、観光客でにぎわうキノコ街があります。街路の両側にキノコ料理店が軒をつらね、客を呼び込み、そこで提供されるのはすべてキノコ料理。鍋物から炒め物、佃煮風に煮込んだものまで多種多様、料理の名前は同じでも、店ごとに味付けは異なり、互いに覇を競っています。

特にキノコ鍋（写真2-3ページ）には「女人的美容院」「男人的加油站」——女性にとっては美容院、男性にとってはガソリンスタンドとのキャッチコピーが付けられ、食べるエステ、精力減退や老化防止にも効きますよ、という心意気なのでしょう。

キノコ料理の注文のしかたもユニークで、料理店の店内には、シイタケやヒラタケ、マイタケなど日本でもおなじみのキノコから、日本ではまず目にすることのない珍しいキノコまでが山と積まれて並び、いつ訪れてもその種類の多さと量に圧倒されてしまいます。客はそこで好みのキノコを選んで、調理してもらうことになります。

人気料理はキノコ鍋ですが、昆明のキノコ鍋と《御膳房》のキノコ鍋には、少なからぬ違いがあります。

昆明では、ラー油や腐乳、芝麻醤やゴマ油など、さまざまな薬味や調味料が用意され、客は、それらの調味料や薬味をまぜ合わせて、好みのたれを作って、煮あがったキノコをつけて食べますが、こうした調味料や薬味はいずれも味や香りが強く、キノコの風味を損ねてしまいます。日本人を現地のキノコ鍋店に案内した経験から、日本人は強烈な味の調味料や薬味を好まないと気づきました。そこで《御膳房》では、濃厚なスープでキノコを煮るという調理法をとっています。味付けは塩、コショウ、紹興酒だけ、薬味やたれはいっさい使いません。スープだけで煮れば、キノコの風味は損なわれず、何種類ものキノコの味が混じりあい、さらにはキノコからにじみでた旨味とスープの旨味が合体して、豊潤にして複雑な味わいのキノコ鍋ができあがります。

《御膳房》では、このキノコ鍋をさらに発展させ、ベースとなるスープを五種類——地鶏、烏骨鶏、スッポン、海鮮、薬膳——用意して、スープと具材になるキノコはお客様に選んでいただきます。スープの味わいや、それぞれのキノコの薬効や味についてスタッフから説明を聞き、その日の体調に合わせて、スープと、常時二十種以上用意されているキノコのなかから、食べたいものを選ぶ仕組みです。この方法は、意外にも大変好評です。

蟹肥菌香

「蟹肥菌香」、「シェフェイチュンシャン」と発音します。「蟹は肥えて、キノコも香る」の意味で、食いしん坊にはたまらない、じつに中国の秋らしい言葉です。一説には、「秋風が起こると、蟹が肥える」と言います。旧暦九月の寒露の頃は、卵を抱えた雌の蟹が身もミソも多い。立冬の頃になると、体の大きい雄の蟹に脂がのってくるので、店では十一月後半からは雄に切りかえるという、使い分けをしています。「菌」は「野菌」のこと、前にもお話しした野生キノコをさします。

日本人のあいだで食材として上海蟹の評判は上々のようですが、ここでは、蟹料理のひとつ、酔蟹《ツイシエ》（酔っぱらい蟹／写真22ページ）をご紹介しましょう。

秋になると、中国では菊を鑑賞しながら上海蟹を食べるのが、昔からの風流、一般的な慣習です。湖の蟹は、海の蟹より繊細で、身が少なく、身を取りだすのがやっかいですが、味に深みがあります。美味で、ファンが多い。この酔蟹は、生きたままの蟹を、紹興酒やリキュール類に漬けて風味を付けます。酒が臭みを消

上海蟹

し、自然の旨味が凝縮され、濃厚な味わいが生まれます。長い時間漬け込みますので、生きている蟹でなければ、この調理法は使えません。蟹は酔っていながらも、生きているので、腐りはしません。生の蟹には、蒸した蟹にはない、深い味わいがあります。なお、店では直接、上海から空輸で取り寄せていますが、取り寄せには免許が必要です。

《御膳房》では、この季節だけ「上海蟹のフルコース」を提供していますが、そのメニューを紹介しますと…。

「上海蟹のフルコース」

酔っぱらい蟹（陳年紹興酔蟹）
ほぐし身とフカヒレの姿煮（紅焼蟹粉排翅）
車エビの炒め蟹ミソ風味（上海蟹黄炒蝦）
豆腐とほぐし身の煮込み（蟹粉豆腐）
姿炒め、二匹付け（炒蟹斗）
小籠包蟹ミソ風味（蟹黄小籠包）
米線の蟹ミソ和え（蟹黄拌米線）
デザート

酔蟹にはじまって、ほぐし身とフカヒレの煮物、エビに上海蟹のミソと身を加えた炒め物、豆腐との煮込み、丸ごと炒めたもの、ほぐし身を加えた小籠包《シヤオロンパオ》、米線と蟹ミソの和え物、これだけの料理に、六匹以上の蟹が必要です。

このメニューでおわかりいただけると思いますが、上海蟹の料理は酔蟹だけではありません。丸ごと蒸してから身とミソを取りだし、いろいろな料理に使います。じつに汎用性が高いのです。定番のフカヒレの姿煮やエビの炒め料理、また豆腐料理に蟹のほぐし身とミソを加えるだけで、高級感が増し、いつもとは違った味が楽しめます。

米線と蟹ミソを和えた米線の蟹ミソ和えは、《御膳房》のオリジナル料理ですが、蟹ミソが味のアクセントになって、なかなかオツな味わいです。

上海蟹以外のカニ料理には、辣味梭子蟹《ラーウエイスオズシエ》(ワタリガニの辛味炒め)やタラバガニの脚肉を形をくずさないようにしてカタクリ粉をまぶして揚げた帝王蟹棒《ディワンシエパン》、またタラバガニの脚肉を豆豉といっしょに炒めた豆豉帝王蟹《ドウチイディワンシエ》などがあります。タラバガニには、上海蟹のような繊細さがなく、身が粗いというか、味の深みに欠けているように思います。海と湖の差でしょうか。

秋の意境菜

文思豆腐羹《ウェンスードウフウガン》（細切り豆腐ポタージュ仕立て）／写真172ページ）

清朝乾隆帝の時代、江蘇省の古都・揚州にある天寧寺の文思和尚は、精進料理のなかでも豆腐料理を得意にしていました。とりわけ、ごく細く切った豆腐を入れた豆腐羹（とろみをつけたスープに豆腐を入れたもの）は評判が高く、満漢全席の料理のひとつに採用されたほどでした。以来、文思豆腐として彼の地で名物料理になっています。

絹豆腐を千切りよりさらに細く、髪の毛ほどにまで切るには、このうえなく庖丁さばきが問われます。料理人といえども、この豆腐の細切りができる人などめったにいないのに、はたして和尚自ら腕をふるったのかは定かではありませんが、調理師の腕が如実に試される料理と言えるでしょう。

《御膳房》では、季節感を意識して、春から夏は、ホウレン草をベースにした緑色のポタージュでさわやかさを、秋から冬にかけては、カボチャを使った鮮やかな黄色のポタージュで温かさを演出し、色味をガラス製の透明な器で見せるよう、工夫しています。実際の料理人の庖丁さばきをご覧いただけないのは残念ですが、ポタージュに浮かぶ糸状の食材が何なのか、食べてみて豆腐とわかるとびっくりされるはずです。

ここではカボチャのポタージュの黄色に、黄巣《こうそう》（八三五〜八八四）が詠んだ「不第後賦菊」の長安に咲きほこる黄菊のイメージを重ねてみました。

不第後賦菊

待到秋来九月八
我花開後百花殺
衝天香陣透長安
満城尽帯黄金甲

第《だい》せざるの後《のち》 菊を賦す　黄巣

到るを待つ 秋来 九月八
我が花 開くの後 百花 殺さる
天を衝《つ》いて香陣 長安に透《とお》り
満城 尽《ことごと》く帯ぶ 黄金の甲《こう》

待ちかねた秋、九月八日にもなると、私の愛する菊の花が咲き、他の花は散ってしまう。天に届くほどの豊かな、かぐしい香りが長安の都をおおい、街全体が黄金色の衣をまとうのだ。

銀杏炒百合《インシンチャオバァイフウ》**(ギンナンとユリネの炒め**／写真173ページ)

秋の薬膳を代表する一品です。ユリネには血液の循環改善、腎臓機能の亢進、体力増強の効果が、ギンナンには疲労回復の効果があるとされます。

ユリネとギンナンにセロリを加えて炒め、パプリカやチシャトウを散らして色味に変化を持たせて仕上げます。素材の色が鮮やかに出るように、味付けは鶏のスープに塩と紹興酒だけ。ギンナンとユリネという秋の食材を使って秋を意識したこの料理には、秋の風景に託して己の心情を詠った范仲淹《はんちゅうえん》(九八九〜一〇五二)の「碧雲天」を合わせました。

碧雲天

碧雲天　黄葉地
秋色連波
波上寒煙翠
山映斜陽天接水
芳草無情
更在斜陽外

碧雲《へきうん》の天《てん》　范仲淹

碧雲の天 黄葉の地
秋色《しゅうしょく》 波に連なり
波上 寒煙 翠《みどり》なり
山は斜陽に映じて 天は水に接す
芳草は情無く
更に斜陽の外に在り

白い雲が浮かぶ青空、黄葉に散り敷かれた大地。秋らしい趣は、湖の波にも及び、寂しげな靄《もや》が湖面に青くただよう。山は夕日に明るく照らされ、空は水平線の彼方で水と溶けあう。かぐわしい草々は私の気持ちを知る由もなく、沈む夕日の先まで続いている。

漢詩は奇数と偶数で文字数はほぼ決まっていますし、韻もふまないと成立しません。そういう制約のなかで、どうやって想像力を発揮し、イメージをふくらませ、詩文にまとめるか。詩作は、料理の創作と似ている気もします。

コラム

醤（ジャン）

醤は、中国料理に欠かせない、発酵文明がもたらしたペースト状の複合調味料をさします。

醤の歴史は古く、起源については商（紀元前十六世紀頃）の皇帝成湯《せいとう》が、肉に塩をまぶして作らせた「醢《かい》」が始まりとされています。ただし、この醢は調味料ではなく塩漬けの肉で、貴族の食事に出されました。さらに五〇〇年近く下った周王朝の記録に醤が登場します。そこには、天子が賓客をもてなすにあたって、一二〇種類の料理それぞれに一二〇の醤を割り当て、常時、甕《かめ》で保存していたと書かれています。

また、紀元前六世紀に生きた孔子の言行録『論語』には、「適切な醤がなければ食べない」と記されています。当時の醤は肉や魚を原材料にした高級品で、庶民が手にすることはできませんでしたが、時代が下るにつれ、穀類を使った醤が作られるようになり、庶民のあいだでも使われるようになります。

清の時代、張岱《ちょうたい》が著した『夜航船』のなかに「人の食生活に不可欠なものは柴米油塩醤酢茶」と記され、醤は五番目に挙げられています。いかに醤が中国人の食生活に重要な存在であるか、そして密接に関わってきたか、おわかりいただけるでしょう。

日本では、醤を「ひしお」と訓読みし、十世紀、平安時代には、文献で用例が確認できます。醤油のルーツも、中国の醤にあると考えられます。

豆板醤 ソラマメとトウガラシを主材料とする。四川料理に必須の調味料。

甜麺醤 大豆と小麦を発酵させた甘ミソ。

豆豉醤 大豆を発酵、乾燥させて作る豆鼓をペースト状にしたもの。

辣椒醤 トウガラシのペーストに塩を加えたもの。

XO醤 干しエビ、干し貝柱、塩漬けの魚などにトウガラシの辛みを加えたもの。「XO」は、高級ブランデーにちなむ。

芝麻醤 ゴマのペースト。

蝦醤 エビの塩辛。独特の匂いがあり、広東料理に使われる。

《御膳房》では、自家製ではとうてい間に合いませんので、スパイスの花《ファ》椒《ジャオ》や漢方食材と同様、厳選したものを中国から取り寄せています。

冬趣

冬の節気

立冬	太陽の光が弱まって日も短くなり、冬が始まります。
小雪	雪はまださほど多くない、冬の入り口です。
大雪	平地にも雪が降り、動物たちは冬眠の準備を始めます。
冬至	一年で夜がもっとも長くなる日。
小寒	寒さの始まりを意味する「寒の入り」の時候です。
大寒	もっとも寒さが厳しくなる頃。春は、もうすぐそこです。

冬至と臘八節

一年のうち、昼の時間がもっとも短くなる冬至は、古代中国の暦の歴史上、もっともはやく確立した節気であり、紀元前一〇〇〇年頃には一年の始まりの日とされ、盛大に祝われていました。漢の時代に暦法が変更されて以後、冬至は一年の始まりではなくなりましたが、重要な節気であることに変わりはなく、歴代の皇帝は、この日には天を祭り、国家の平安と豊穣を願う儀式をとりおこなっていました。清朝滅亡後、この祭天の儀式が盛大に行われることはなくなりましたが、民間には、いまなお継承され、地域は限られているとはいえ、冬至の日には先祖の霊を祀り、北の地方では豊かさを象徴する水餃子を食べ、南の地方では一家円満を象徴する湯円を食べる習慣が残されています。

冬至の後には小寒、そして中国人の生活のリズムの一端をになう臘八節《ろうはちせつ》が訪れます。旧暦十二月は臘月《ろうげつ》とも呼ばれ、その八日が臘八節にあたります。現在の暦で、おおよそ一月初旬から半ば頃になります。五穀豊穣を祝うとともに、この日をさかいに年糕、年飯、全家福、といった、春節のご馳走の準備が始まるのです。

年飯にしても年糕にしても「年」の付く名称は、およそ春節にからんでいます。日本では暮れに餅つきをし、お節料理を作って正月をむかえる準備しますが、中国の場合は、春節に合わせているわけです。

日本の餅に相当する年糕は、もち米だけのものからコーリャンやゴマ、ピーナツなどを混ぜたものまで、地域によってさまざまなバリエーションがあります。焼いてたれをつけて食べたり、スライスして炒めたり、野菜といっしょにスープで煮込んだりもします。やはり昔は各家庭で手作りして保存しました。

親戚・親族が多かった昔の年飯は、春節前、一週間ぐらいかけて各家庭をまわって、食べ続け、歳の若い者の家庭から順にホスト役になり、最後は、いちばん年長者が主催して幕を閉じました。一年でもっともおいしいものにめぐまれる時節ですから、子どもの頃は本当に待ちどおしく思っていました。

臘八節には、特に北の地域では、小豆、緑豆、豌豆《えんどう》、粟、もち米、トウモロコシ、コーリャン、小麦などの穀類をやわらかく炊いて、甘く味を付けた臘八粥《ろうはちがゆ》(写真176－177ページ)を食べる習慣があります。起源は五世紀頃までさかのぼるとされ、釈迦伝説に関連して始まりました。

仏教の伝承によれば、釈迦は悟りを得ようと山にこもり、六年間にわたって厳しい修行を続けますが悟りの境地に至らない。山を下りた釈迦は、木陰で疲れた体を休めていたとき、通りかかった村の娘から乳粥の施しを受けます。その粥のおかげで気力を取りもどし、瞑想に入り、四十九日目の十二月八日に悟りに至ったとされ、釈迦の悟りを記念して、この日に粥を食べるようになった、と伝えられています。

中国では、この仏教的な由来はほとんど忘れられていますが、それでもこの故事にのっとって臘八粥をふるまう寺もあり、臘八節の日には老若男女でにぎわいます。

日本の仏教寺院でも、釈迦が悟りを得たとされるこの十二月八日には、仏教行事がとりおこ

臘八粥と隆福寺小吃店

なわれ、ミソと酒粕で味を付けた温糟粥《うんぞうがゆ》や砂糖や蜜で甘く味付けした粥がふるまわれるそうですが、私自身、機会があれば、ぜひいただきたいと思っています。

一九八〇年代、私が北京で文化部に在勤していた頃、オフィスは故宮の裏手にあり、ほど近くの隆福寺街に軽食専門の隆福寺小吃店があって、臘八節には臘八粥がメニューに加わり、同僚たちを誘って朝早く、食べに行ったものでした。北京の冬はそれこそ身を切るような寒さですから、熱々の粥一杯に身も心も温められる思いでした。

中医学には、「冬令進補《ドンリンジンブウ》」という考え方があり、春節前の冬季に滋養をたくわえておけば、一年間、息災でいられると言われます。この臘八粥も、滋養があるうえ、体を温めてくれるので、寒い冬にはうってつけのご馳走です。

また、臘月は気温が低く空気も乾燥していることから、保存食を作るのには最適の季節で、干し肉や咸魚(魚の干物)が盛んに作られます。食品添加物が気になる昨今、この季節に自ら干し肉を作り、自家製を楽しむ人もふえてきました。特にこの季節に作られる干し肉は「臘肉《ラーロウ》」と呼ばれ、味がいいとされ、評価も高いのです。

冬の食材と料理

漢方では、冬は滋養のあるものを食べて、エネルギーをたくわえて体力をつけ、来る春の農作業に備える時期と考えます。おのずと体力増進につながる食材をスープで煮込んだり、蒸したりする料理が推奨されます。

冬は、生鮮食品に乏しいため、必然的に、収穫期に漬け込んだ漬物や、塩漬けの肉や魚の保存食を使った料理が多くなります。塩漬けした肉や魚を乾燥させると、旨味が増し、他の食材とあわせて使うと、料理にコクがでるので、小さく切って調味料としても使われます。

昔はどこの家庭でも、その家独自の味を持つ、こういった保存食を作っていました。かつて冬場は農作業がありませんでしたから、料理にもじっくり時間をかけることができたのです。四季を通じての生活のリズムから、食文化は育まれます。今日では、特に都会においてはその習慣はなくなり、もっぱら食料品店などで出来合いを購入する風潮になってしまいました。

この時期だけの食材に冬タケノコがあります。小ぶりですが、春ものに比べるとやわらかく、珍重されています。江南地方の家庭でよく作られる、豚肉と干しタケノコの炒め物も、干しタケノコを冬タケノコに変えると、家庭料理は高級レストランの料理に早変わりです。

雲南では、麗江のナシ族の庶民のご馳走として知られる銅鍋ご飯の納西銅鍋腊肉飯《ナーシートングオラーロウファン》（ナシ族銅鍋炊き込みご飯／写真9ページ）は、その材料が一変します。腸詰めやハムはそのままにして、ソラマメ等の豆類は乾燥豆に変わり、冬でも手に入る食材が使われることになります。香港には、魚の燻製を使った香りの高い炒飯「咸魚炒飯《シエンユーチャオファン》」がありますが、同じ米料理でも、海のある地域とない地域、材料や調理法それぞれに

ナシ族の銅鍋ご飯

地方色が見られます。

その他、冬の高級食材には、スッポンや、乾燥させたアワビやナマコ、食感を楽しむボラの浮袋の乾燥品などがあります。乾燥食材は数日間、水に漬けてもどす必要があり、調理にあたっては下ごしらえが重要で、細心の注意とテクニックが要求されます。乾燥させた食材は、生に比べて旨味が格段に増していて、数日かけて作るスープで煮込んだアワビは、噛むと口いっぱいに香りが広がり、まさに絶品です。

日本人食通のあいだで「ぶっ飛びスープ」として知られる仏跳墻《ぶっちょうしょう》（写真178ページ）も、こうして下ごしらえをしたアワビやナマコ、フカヒレなどの高級乾物（写真179ページ）を澄んだスープといっしょに蓋つきの容器に入れて、六時間以上かけて蒸しあげる、福建省の伝統料理の逸品です。「修行僧でさえ、うまそうな匂いにひかれて、垣根（墻）を越えて跳んでくる」という、いささかユーモラスな命名から、料理への興味がいやがうえにも掻きたてられますが、材料の下ごしらえに時間を要しますので、通常、食べるには数日前の予約が必要です。値段はさておき、冬の滋養強壮にはぴったりの料理と言えるでしょう。

秋口から冬にかけて脂がのるスッポンも冬に推奨の食材です。

スッポン料理のなかでも有名なのが、土鍋でじっくり煮込む紅焼甲魚《ホンシヤオジアユー》（スッポンの醤油煮）、下処理と煮込みに時間がかかるので、この料理も予約が必要です。足や内臓、甲羅、薄皮などを丁寧に取り除いてから煮込みますが、下ごしらえが不十分だと生臭みが残ります。朝から仕込んで、夜に完成する流れです。

冬季限定の食材としては、スケトウダラも広く知られています。スケトウダラは冬、特に十二月から一月にかけてとれるものが、脂がのっておいしい。酸味の強い高菜の漬物「酸菜」とスケトウダラの相性は抜群、鱈魚酸菜《シュエユースァンツァイ》（スケトウダラと酸菜の土鍋煮）では、酸菜がタラの旨味を引き出してくれます。

銀座の《華魂和装》では、節気ごとにメニューを変更しますが、看板のキノコ鍋のスープは、秋までは烏骨鶏がベースですが、立冬以降はスッポンベースに変わります。

肉料理は和牛から羊に差し替えます。漢方では、冬は滋養強壮の季節なので、素材の性質として、より温熱性に優れた羊肉を使うわけです。人気の烤羊排《カオヤンパイ》（ラムチョップの炭火焼き／写真174ページ）は、トウガラシやクミンといった香辛料で、羊のくさみをおさえつつ、炭火等で焼いて仕上げます。

ちなみに、北京では北京ダックと二大看板の羊肉のしゃぶしゃぶは、一年を通して、人気がある料理です。羊肉のしゃぶしゃぶは、もともとは北方の遊牧騎馬民族をルーツとする食文化で、彼らは、常にいっしょに移動している羊を使って調理しました。食材の調達も簡単で、貴重な水もそれほど使わずにすむことから、まさに遊牧移動中のご馳走として最適でした。

涮羊肉
（羊肉のしゃぶしゃぶ）

過橋米線と汽鍋料理

米の原産地でもある雲南では、いつ頃から稲作が始まったのでしょうか。秦の時代の文献に稲作についての記述が見られますが、あいにく雲南の稲作については言及がなく、明確な年代は定かではありません。とはいえ、陸稲の栽培が、紀元前四〇〇〇年以前から行われていたことは確かでしょう。

現在もインディカ米、ジャポニカ米をはじめとして、野生種に近い黒米、赤米、紫米、香り米などさまざま米が栽培されています。米は、主食として食べるほかに、餅にしたり、熟れずしを作ったりと日本における米の食べ方によく似ていますが、日本と大きく異なるのが米を粉にして作る麺「米線」への愛着です。米線は、さまざまな料理に使われ、その消費量は膨大で、そのため米線に使用される米の量は、米の生産量のかなりの割合を占めることになります。

そして、この麺を主材とするのが、雲南の名物料理「過橋米線」（写真4－5ページ）なのです。

過橋米線は、米の麺と共に、肉や野菜など、いろいろな具を鶏油を張った熱いスープに入れて、スープの熱で具に火を通すという料理です。煮えたぎるようなスープの中に入れるので、あわてて食べると火傷をしてしまうほどです。

由来については諸説ありますが、もっとも巷間に流布されているのが、明朝末期のうるわしい夫婦愛の物語です。

あるところに科挙に向けて勉学にはげむ夫と、それを支える妻がいました。湖上の離れ家で日夜勉強をする夫のもとに、妻は毎日食事を届けるのですが、湖に架かる橋を渡る（過橋）うちに、食事はすっかり冷めてしまって、味は落ちるし、体にもよくありません。

あるとき、地鶏のスープは表面に脂がはって冷めにくい、と気づいた妻は、熱い地鶏スープを土鍋に入れ、そこに米線と具材を入れて食べる、という食べ方を考案したのでした。

妻のおかげをもって、夫は科挙の試験にめでたく合格、無事、官僚となり、手腕をふるった、と伝えられています。妻が考案したこの米線料理は、夫婦愛を象徴する料理として、後に「愛情米線」とも呼ばれるようになりました。

《御膳房》では、過橋米線を当初は現地と同じ方法で提供していました。つまり、スープを厚い鶏油の層でおおっ

過橋米線

て出したのです。スープを冷まさないための工夫でしたが、いかんせん日本人には脂気が強すぎるようでした。

この料理では、テーブルで生の豚肉や野菜を熱々のスープに入れて、火を通す必要があります。鶏油の量が少ないと、テーブルに出すまでにスープが冷めてしまいます。そこで鶏油を少なくするために、器を熱くすると、今度は温度差で器が割れる危険がありました。試行錯誤を繰り返し、熱を加えても割れない陶製の器を開発したのです。鶏油は少なめで、雲南の過橋米線ほど脂っこくなく、具材にはきちんと火が通り、日本人の口にも合う過橋米線が完成し、いまでは店の人気料理のひとつになっています。

このように料理は、その土地土地の気候や風土、食べる人の好みによって変化します。《御膳房》でも米線は当初、雲南から乾燥麺を輸入して使っていましたが、本場で食べる米線に比べ、どうしても味が落ちる。日本で作ろうとしても、日本の米は雲南の米よりグルテン質が少なく、そのままでは雲南のような米線ができません。そこで、新潟の米粉メーカーと製麺機械メーカーに協力してもらい、どうしたら雲南の、あの米線ができるか研究を重ね、海藻を加えると、日本の米の弱点を克服できるとわかりました。

以後、《御膳房》では、その日に必要なだけの米線を内製化しています。米線の生麺はスープに入れたり、炒め物に使ったりと汎用性があるうえに、自家製となると流通事情にも左右されず、安定供給というメリットもあります。一石二鳥ならぬ三鳥の効果がありました。

米を原料とする麺は、雲南のほか国境を接するベトナム、近隣のタイなどでも見られます。特にベトナムではさまざまなタイプの米の麺が「フォー」として知られています。

日本人におなじみのビーフン（米粉）も米から作られますが、もともとは福建省あたりに由来する麺で、味も製造法も米線とは若干異なります。

汽鍋《きなべ》を使った汽鍋料理も雲南を代表する料理です。汽鍋とは、鍋の中央部が煙突状になっている陶製の蓋つきの鍋で、食材を入れて蓋をして、長時間、水をたっぷり入れた蒸し器のような大鍋で蒸しあげます。煙突の穴から上がってきた蒸気は食材の上にしたたり落ちて、濃厚な味わいの、澄んだスープになります。密閉状態で蒸しあげるので、水分が蒸発することはなく、蒸気と食材の水分だけで、栄養分と旨味たっぷりのスープができあがります。

材料にクコの実や天麻、薬用人参などの薬草を加えることで、さらに滋養にすぐれた、まさに薬膳そのもののスープが完成します。烏骨鶏のスープに、こういった薬草を加えて作る天麻汽鍋鶏《ティエンマーチィグオチィ》（天麻と烏骨鶏の汽鍋スープ／写真14ページ）は、その一例です。汽鍋に使われる陶土は、土質が粗く、その分、熱の伝導率にすぐれていて、先人の知恵と工夫がしのばれます。

汽鍋スープ

冬の意境菜

烤羊排《カオヤンパイ》（ラムチョップの炭火焼き／写真174ページ）

漢方医学では、羊肉には体を温める効果があると考えます。冬は滋養をたくわえる時期でもあり、食材として理にかなっています。ラムチョップの肉質はやわらかく、骨に近い部分ほど旨味があります。調味料をラムチョップにもみ込んでから炭火で焼いたあと、さらに臭みを消すため、クミンにトウガラシ、パン粉をサッと油で揚げて、炭火で焼いたラムチョップにからめます。サクサク感に加え、日本人好みの複雑な味わいが生まれ、中国料理らしからぬ中国料理、いうなれば《御膳房》流です。

この料理ではトウガラシを加えて色よく揚げたパン粉を、夕日を浴びて輝く草原に見立て、甘《かん》粛《しゅく》省あたりの雄大な風景を詠った「勅勒歌」に合わせてみました。この歌は、もとは勅勒族（北朝時代、北方に住んでいたトルコ系民族）の人たちが歌っていた歌で、それが漢語に訳され、漢人のあいだでも歌われるようになりました。今日の中国において、だれもが知る歌として広く愛唱されており、私も幼稚園時代から口ずさんできました。

勅勒歌

勅勒川　陰山下
天似穹廬　籠蓋四野
天蒼蒼　野茫茫
風吹草低見牛羊

勅勒《ちょくろく》の歌　作者不明

勅勒の川　陰山の下《もと》
天は穹廬《きゅうろ》に似て　四野《しや》を籠蓋《ろうがい》す
天は蒼蒼《そうそう》　野は茫茫《ぼうぼう》
風吹き　草低《た》れて　牛羊見《あら》わる

勅勒の川は陰山山脈のふもとを流れ、大空はパオのように四方の草原をおおう。天はどこまでも青く広がり、大地には見わたすかぎり草が生い茂り、風が吹いて草がなびくと、放牧された牛や羊が姿を現す。

黒炒飯《ヘイチャオファン》（ブラック炒飯）／写真175ページ

この料理は《御膳房》オリジナルで、店の冬の名物にすべく、私が考案しました。外見は練炭そのもの。イカ墨で色と風味を加えた炒飯を練炭の形に成形しています。ちょっとしたパフォーマンスですが、仕上げに、周囲に中国産のスピリッツのバラ酒をふりかけ、テーブルで火をつけ、炎が上がると同時にバラとイカ墨の香りをただよわせます。火が消えてから、シェアして、召し上がっていただきます。

ブラック炒飯では煙こそ出ませんが、炒飯から立ちのぼる炎は、つぎつぎと烽火台からあがる烽火《のろし》のようで、この料理からは、都から遠く離れた国境の地で、砦から上がる烽火を見て詠んだ馬之純《まのじゅん》（一一四四？〜一二〇二）の「烽火台」が連想されます。

烽火台

此到西陵路五千
烽台列置若星連
欲知万騎還千騎
只看三煙与両煙

烽火台《ほうかだい》　馬之純

此《ここ》に到る 西陵 路五千
烽台 列置 星の連なるが若《ごと》し
知らんと欲す 万騎《ばんき》 還《また》 千騎
只《ただ》看る 三煙と 両煙と

はるばるやって来たこの地は、西安から西へ五千里、遠い国境の地。ずらりと並んだ烽火台は、星が連なっているかのようだ。攻めてきた騎馬兵は何千騎、いや何万騎か。いま烽火台から、烽火が二筋、三筋と上がり始めた。

コラム

北京ダック（北京烤鴨《ベイジンカオヤー》）

十五世紀、明朝の永楽帝が都を南京から北京に遷した折、南京で盛んだったアヒル料理を宮廷に持ち込むため、アヒルも大移動させたとの逸話が知られていますが、北京の名物料理「北京ダック」はこの頃に始まった、とされています。

現在、北京では、一八六四年に前門大街で創業した《全聚徳》が、北京一の名店として親しまれていますが、創業者の楊全仁は、清朝の皇帝の厨房である「御膳房」でアヒルを焼いていた料理人の孫小辨児を迎えて、「明《ミン》炉《ルー》」で焼くという新たな焼き方を考案し、絶妙な味わいのアヒルの丸焼き、いわゆる「北京ダック」を民間へ広めたのでした。

《全聚徳》は日本にも四店舗ありますが、縁あって、私も経営に参加しております。看板の北京ダックは、全工程を本店そのままにお届けしています。

ちなみに、中国ではカモもアヒルも「鴨」と表記します。野性のマガモを家禽にしたのがアヒル（家鴨）で、北京ダックには、それ専用に品種改良されたアヒルが使われます。

二〇〇四年、新宿に日本一号店をオープンするにあたって、本場の北京ダックの正しい調理法と食べ方、つまり正しい食文化を日本に伝えたいという思いがありました。

当時、日本で一般に知られていた北京ダックは、輸入した冷凍アヒルを解凍して、少し蒸したあと、熱した油をかけて火を通すのが普通でした。皮だけはパリッとしますが、中の肉までは火が通りませんから、皮だけ食べて、肉は食べないことになる。それを聞いてびっくりしました。「北京では肉もうまいんだ」と言うと、不思議に思われるほどでした。そもそも高価だから、そんなに注文も入らなかったようです。

冷凍がきくフカヒレとは違って、仕込むところ、焼く設備、ストックする場所を考えれば、一日に数羽出るぐらいでは、とうてい採算が合いません。そこで、手軽な調理法を日本人の料理人が編みだしたのでしょう。

中国では、北京ダックしか手がけない専任の調理師がいて、「烤鴨師」という資格が要求されるほど厳密な調理法が定められています。烤鴨師は仕込み、焼く、さばくという三つの技術がそろってはじめて一人前とされます。切り方によって味が違ってくるので、資格審査では、イチョウの葉のように切るか、ヤナギの葉のように細く切るか、また、アヒル一羽につき骨だけ残して、一〇八片に切り分けるのがひとつの基準として要求されます。アヒルの大きさは標準で二・五キログラム、食べごろを意識して飼育期間も生後一〇〇日未満と決まっています。ちなみに、日本の《全聚徳》では、一羽につき、おいしいところだけ

明炉と北京ダック

を三十六片に切り分けて提供し、残りはスープにしています。

冷凍輸入されたアヒルは、解凍し、きれいに洗って、首のあたりからポンプで皮と肉の間に空気を入れて膨らませます。そのあと、水あめと熱湯をまぜたものをまんべんなくかけ、形をととのえ、一定の温度と湿度を保った「涼坯間《リャンピージエン》」と呼ばれる乾燥室に二、三日間、吊るして乾かします。以上が、焼いたときに、外皮がぱりっとし、肉がジューシーに仕上がる秘訣です。

いよいよ下ごしらえをしたアヒルを窯で焼くことになりますが、以前はアヒルを入れたあと、蓋を閉じる「燜炉《メンルー》」が一般的でしたが、楊氏が蓋のない「明炉」を考案して以来、「明炉」が主流になりました。

「明炉」は高さが二メートル、幅と奥行きはともに一・五メートルほど、正面がアーチ形をした専用窯で、一回につき最大で三十数羽を焼くことができます。窯の奥にアヒルを吊るし、手前で薪を燃やし、遠赤効果であぶり焼きにします。薪にはサクラやリンゴ、ナシ等の果樹を使うので、ほんのり果物の香りが付きます。炉内は二七〇度、烤鴨師は竿のような器具を使って、焼きむらがでないように調節します。四十五分ほど焼いて、最後に手羽の内側に火を通してできあがり。美しいナツメ(棗)色に仕上げます。

この北京ダックは西太后の好物でもありました。その食べ方は一風変わっていて、食べるところは胸の皮だけ。それに砂糖を振りかけて食べていたそうです。当時、砂糖は高価で、庶民は気軽に買うことはできませんでした。砂糖を思う存分使えるということで、権力と富を誇示したのでしょう。

あとがき

一九九五年十二月に、日本ではじめての雲南料理専門店《御膳房》を開店して以来、二十六年余りが経ちました。この間、日々、料理を提供してまいりましたが、一皿の料理に託した理念や背景についても伝えたいと思うようになりました。そんな折、ＩＢＣパブリッシングから、本の出版の話があり、お引き受けすることにいたしました。

思えば、挑戦の連続でした。現在、私は雲南料理の《御膳房》のほかに四川料理専門店、湖北料理専門店、さらに飲茶の店なども経営していますが、出発点となったのは雲南料理の《御膳房》です。

《御膳房》開店のいきさつについては本文でも述べましたが、藤田和芳氏が会長をつとめる「大地を守る会」の会の関係者の方々を雲南へ案内したことに始まります。そして開店以来、日本の方々から「なぜ雲南料理なのですか」、さらに「中国料理にも、和食に見られるような四季がありますか」との質問が多く寄せられるようになりました。

はじめの質問に対する回答は、「米食を中心とする雲南の食文化と日本の食文化のあいだに共通点が多いことを、そして日本では北京や広東、四川料理などはよく知られていますが、それ以外にもさまざまな中国料理があることを、中国食文化の多様性を知っていただきたい」という思いにつきます。つぎの質問に対しては、「中国料理にも四季はあります。ただ、日本の方は、決まりきった料理しか注文せず、四季を意識した中国料理に目を向けてこなかった、ということでしょう」と、お答えしています。

そして、中国料理の四季を知っていただくために、季節と密接に結びついた料理を提供する店の構想を長年考えてきました。念願かなって、二〇二〇年に、私が理想とするレストラン――二十四節気をコンセプトに、一皿一皿に季節の旬をこめた料理の提供を旨とする《御膳房二十四節気之華魂和装》を出店いたしました。ここでは、食材や調理はもちろん、盛り付けや料理を出すタイミングに至るまで、すべてにわたって最高と完璧をめざしています。すべての料理の完成度を上げるために、完全予約制とし、その分、料理一皿一皿に、手間を惜しまず時間をかけ、精魂を傾けています。

レストラン経営が契機となって、来日のたびに来店される映画監督の張芸謀《チャンイーモウ》氏や、世界を魅了し、中国の至宝と称えられる舞踊家のヤン・リーピンさんをはじめとする多分野にわたるさまざまな方々との交流も盛んになりました。リーピンさんは雲南省大理の少数民族の白(ペー)族出身ですが、《御膳房》の雲南料理を召し上がって、東京で本格的な雲南料理、それも通常の概念をはるかに超えた雲南料理が味わえることに驚かれていました。本場の雲南料理を知る方々からのこういった反応や評価は、私たちにとって大きな励みであり、伝統的な雲南料理に創意工夫を加えるという方向性が間違っていないことを確認させてもくれました。

料理のプロたちとの交流もふえました。

世界的にヒットしたＣＣＴＶ（中国電視台）製作のドキュメンタリーのシリーズ「中国味道」で監修を務めた董克平氏が、中国の料理人たちを東京に連れてきて私どもの店を食べ歩きして、私たちと交流会を開きました。董氏の言葉で記憶に残るのが、「料理はフュージョン（融合）だ」でした。

日本料理もフランス料理も、中国料理と相互に影響を与え合っています。世界の食文化の歴史を視野に入れると、常に伝統に対して、異文化との交流が刺激となり、新しい料理が生まれてきました。たとえば四川料理はトウガラシを多用しますが、トウガラシは大航海時代以降、中南米から世界に広まって、中国にも伝わったのでした。《華魂和装》で提供する料理も「和」との融合です。見た目は日本料理、食べてみれば、「正真正銘の中国料理」と納得いただける、まさにそれが私たちの意図するところです。

二〇二〇年からのコロナ禍では、当店も大きな打撃を受けました。同年四月に施行された緊急事態宣言から休業を余儀なくされましたが、スタッフの雇用は維持しなければなりません。急遽、通信販売への注力など、対応を迫られましたが、それ以上に、これまでの自身の歩みを反省する時間にあてようと思い至りました。本書の出版もその試みのひとつです。〝ウィズ・コロナ〟を前提として、この時代をどうやって生き延びていくのか？「民以食為天」――民は食をもって天をなす、『漢書』にある孟子の言葉です。

食べていただいても気づかれないかもしれない、それでも、常に工夫する、試す、食材の本質を探る、何よりチャレンジを続けていかなければなりません。日々是精進、です。

本書の出版につきましては、出版の労をとってくださったＩＢＣパブリッシングの賀川洋会長、浦晋亮社長をはじめとするスタッフの方々、原稿作成にご協力をいただいた松岡弘城さん、森安真知子さん、カメラマンの福本和洋さん、イラストの李楊樺さん、デザイナーの久保頼三郎さん、さらに漢詩についてご教示くださった宇野直人先生、本当に多くの方々のお世話になりました。

また、日夜、意欲的に新機軸の料理に挑戦し、新メニューの開発に努めている華金兵総料理長、本書の執筆にあたって資料を取りまとめてくれた梁雅琳さんをはじめ、店の運営に労を惜しまず協力してくれる店のスタッフにもあらためて感謝しつつ、筆をおきたいと思います。

二〇二三年　三月

徐　耀華

写　真　福本和洋／カバー, pp.1–9, pp.13–15, pp.20–24, pp.157–177, p.179, p.180右上
石井雄二／p. 12, pp.16–19, p.178, p.180
小林里奈／p.11
著者提供／p.6下, p.7下, p.8下, p.10右3点, p.18上, p.169下

イラスト　李　楊　樺
デザイン　久保頼三郎
編集協力　松岡　弘城

「御膳房」本店：東京都港区六本木6-8-15 第二五月ビル1F
Tel 03-3470-2218
ホームページ：https://www.gozenbo.com/
そのほかの店舗についてはQRコードからご確認ください。

華魂和装──《御膳房》ことはじめ

2023年3月25日　初版第1刷発行

著　者　徐　耀華

発行者　浦　晋亮

発行所　IBCパブリッシング株式会社
〒162-0804　東京都新宿区中里町29番3号　菱秀神楽坂ビル
www.ibcpub.co.jp

印　刷　株式会社アイワード

Printed in Japan
ISBN 978-4-7946-0750-8

龍蝦虎掌菌（伊勢エビとコウタケの炒め）

雲南汽鍋竹笙排翅（アオザメのフカヒレ汽鍋蒸し）

全《ぜん》家《か》福《ふく》

湯円（餅団子）

青団（中国風草団子）

春餅

鮮魚春巻（ハタとコウタケの春巻）

雲緑蝦球（雲南緑茶と車エビの炒め）

桃花肉（豚肉の黒酢炒め）

雲南豆腐（雲南風豆腐の炒め煮）

雲南沾水蝦（車エビの雲南カクテル仕立て）

にくちまき
肉粽

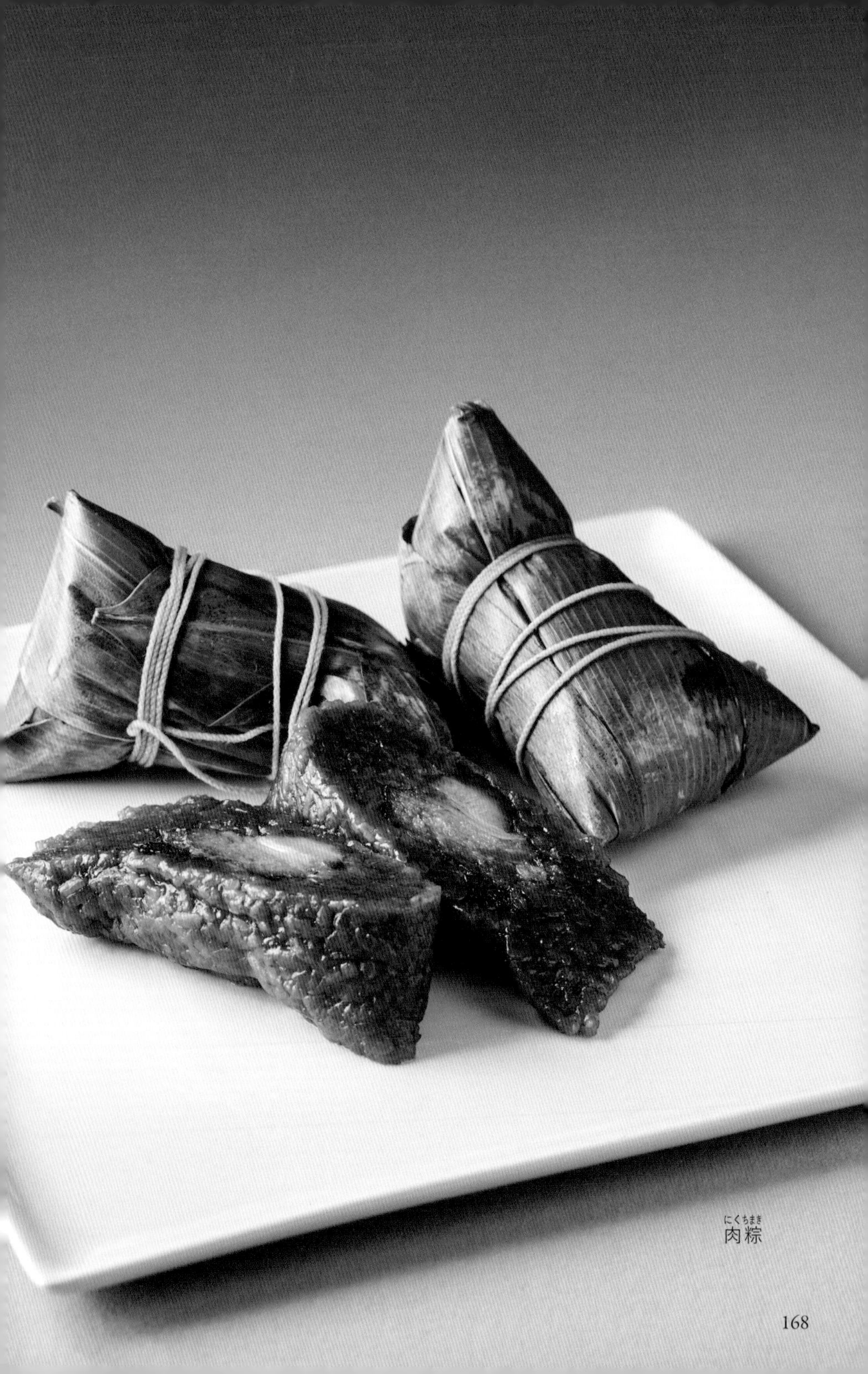

桂花蓮藕（レンコンのもち米詰めキンモクセイ風味）

酸甜藕帯（藕帯の甘酢漬け）

秋の味覚／キノコ

月餅（餡はナッツ、クリ、ゴマ、ココナツなど）

文思豆腐羹（細切り豆腐ポタージュ仕立て）

豆腐の細切り

銀杏炒百合（ギンナンとユリネの炒め）

烤羊排（ラムチョップの炭火焼き）

黒炒飯（ブラック炒飯）

臘八粥《ろうはちがゆ》と材料
(時計回りに：ピーナッツ、クルミ、黒ゴマ、龍眼、黒米、緑豆、ナツメ、クコ、黒豆)

仏跳墻（アワビ、ナマコ、フカヒレの姿蒸し）

高級乾物（左上から：紅ツバメの巣、ツバメの巣、ホタテ貝柱、ナマコ、アワビ、フカヒレ）

御膳房 六本木店

御膳房 二十四節気之華魂和装

御膳房 銀座店

御膳房 ガーデン

御膳房グループの料理長と著者